Ar Aghaidh Libh!

Scrúdú Cainte agus Cluastuisceana na hArdteistiméireachta

Ardleibhéal

Ann Cameron

Edco

An Comhlacht Oideachais

Arna fhoilsiú i 2011 ag:
An Comhlacht Oideachais
Bóthar Bhaile an Aird
Baile Átha Cliath 12

Ball de Smurfit Kappa ctp

ISBN 978-1-84536-412-0

Clúdach: Red Rattle Design
Dearadh: Brendan O'Connell
Clóchur: Compuscript
Eagarthóirí: Declan Dempsey, Julie O'Shea
Obair ealaíne: Brian Fitzgerald
Grianghraif: Táimid faoi chomaoin ag na daoine seo leanas a thug cead dúinn grianghraif dá gcuid a úsáid sa leabhar seo: Alamy, Comhdháil Náisiúnta Na Gaelige, Getty Images, International Pan Celtic Council, istockphoto, Photocall Ireland, Seachtain na Gaeilge, Shutterstock, TG4.
Léitheoirí profaí: Niall Ó Muchadha agus Dorothy Ní Uigín
Cainteoirí: Con Ó Thuama, Anna Ní Dhomhnaill, Caoimhe Ní Ainle, Damhnait Ní Thuama, Eoghan Mac Mathúna, Muiris Mac Suibhne, Niamh Ní Thuama

Cóipcheart

Gabhaimid buíochas leo seo a leanas a thug cead dúinn ábhar dá gcuid a úsáid sa leabhar seo: Eastát Chaitlín Maude as 'Géibheann' le Caitlín Maude; An Sagart as 'Colscaradh' le Pádraig Mac Suibne agus 'Mo Ghrá-sa (idir lúibiní) le Nuala Ní Dhomhnaill; Cló Iar-Chonnachta as 'An tEarrach Thiar' le Máirtín Ó Direáin.

Rinne na foilsitheoirí a ndícheall teacht ar úinéirí cóipchirt; beidh said sásta na gnáthshocruithe a dhéanamh le haon duine eile acu a dhéanann teagmháil leo.

09S11

Réamhrá

Tá athrú tagtha ar scrúdú na hArdteistiméireachta don bhliain 2012 ar aghaidh. Tá níos mó béime anois ar labhairt na teanga. Tá 40% den scrúdú anois ag dul don Scrúdú Cainte agus tá 10% ag dul don Chluastuiscint. Clúdaíonn an dá chuid seo 50% de na marcanna.

Sa scrúdú cainte anois beidh ar na daltaí:

- iad féin a chur in aithne don scrúdaitheoir (Beannú)
- dán a léamh
- sraith pictiúr a mhíniú, ceisteanna a fhreagairt, ceisteanna a chur ar an scrúdaitheoir
- comhrá a bheith acu leis an scrúdaitheoir.

Is leabhar nua é *Ar Aghaidh Libh!* a ullmhaíonn na daltaí don scrúdú seo. Tá béim ar labhairt na teanga agus go háirithe ar an ullmhuchán atá riachtanach sa chúigiú agus sa séú bliain. Tugann an leabhar seo cabhair do na daltaí eolas fúthu féin a ullmhú i stíl atá simplí agus nádúrtha. Tá meascán d'abairtí a chabhróidh leis na daltaí iad a féin a ullmhú i gceart don scrúdú tábhachtach seo ionas go mbeidh féinmhuinín acu as a gcumas labhartha féin. De réir a chéile tiocfaidh feabhas ar an gcumas labhartha atá acu. Tá bileog oibre ag deireadh gach ábhair ionas gur féidir leo an t-eolas fúthu féin a chumadh agus a bhailiú.

Chomh maith leis sin tá deich gcinn de thrialacha cluastuisceana sa leabhar seo. Tá cúig cinn sa leabhar do na daltaí agus tá cúig cinn eile i Lámhleabhar an Mhúinteora. D'fhéadfadh an múinteoir na trialacha 6–10 a úsáid mar scrúduithe breise mar nach bhfuil siad ar fáil sa leabhar do na scoláirí. Chomh maith leis sin tá neart scrúduithe ranga i ngach caibidil a chabhróidh leis na daltaí an t-ábhar a aithint agus a fhoghlaim. Tá na scrúduithe breise seo ar fáil ar na dlúthdhioscaí freisin.

Déantar mionscrúdú ar na cluastuiscintí i scrúduithe na hArdteistiméireachta ón mbliain 2006–2010 sa leabhar seo – ceann amháin i ngach Aonad; tá na scrúduithe ón mbliain 2005–2001 ar fáil i Lámhleabhar an Mhúinteora.

Tá cleachtadh ar fáil sa leabhar freisin ar an ngramadach atá riachtanach do Scrúdú na hArdteistiméireachta.

Tá stíl nua-aimseartha ar dhearadh an leabhair agus tá an t-eolas oiriúnach do shaol na ndaltaí.

Cabhróidh an leabhar seo leis an múinteoir an rang a ullmhú. Sa chaoi sin beidh níos mó ama anois sa rang chun cleachtadh teanga a dhéanamh bunaithe ar ábhar an leabhair. Tá liosta fada de cheisteanna ar féidir leis na daltaí a úsáid agus iad ina mbeirteanna.

Tá lámhleabhar do mhúinteoirí ag dul leis an leabhar seo agus chomh maith leis na trialacha breise 6–10 tá réimse leathan de scrúduithe eile leagtha amach ar ábhair dhifriúla, mar shampla, ábhair scoile, logainmneacha, contaetha, slite beatha, aidiachtaí, mothúcháin, cáilíochtaí agus ábhair eile. Tá neart foinsí ann do mhúinteoirí agus do dhaltaí araon sa leabhar seo.

Ar Aghaidh Libh! mar sin agus go n-éirí go breá libh!
Ann Cameron

Tiomnú

Ba mhaith liom an leabhar seo a thiomnú do Phroinsias, Séadhan, Naoise, Dara, Criston, Muintir Cameron, Muintir de Poire agus do mo chomhghleacaithe go léir i Santa Sabina.

Buíochas

Ba mhaith liom mo bhuíochas a ghabháil leis an gComhlacht Oideachais agus le gach duine a chabhraigh liom an leabhar seo a chur le chéile. Gabhaim buíochas speisialta le Robert, Declan, Emer, Julie, Marie agus Jennifer.

Clár

Leagan amach
Scrúdú na hArdteistiméireachta
Ardleibhéal

An Scrúdú Cainte

- 240 marc
- 40% den scrúdú
- 15 nóiméad

Páipéar 1 (Cluastuiscint, Ceapadóireacht)

- Páipéar 1: 160 marc (27% den scrúdú), 2 uair 20 nóiméad
- Cluastuiscint: 60 marc (10% den scrúdú), 20 nóiméad
- Ceapadóireacht: 100 marc (17% den scrúdú), 2 uair

Páipéar 2 (Léamhthuiscint, Prós, Filíocht)

- 200 marc
- 33% den scrúdú
- 3 uair 5 nóiméad

Clár CD 1

1 Réamhrá

Léamh na filíochta

2 Géibheann
3 Colscaradh
4 Mo Ghrá-sa (idir lúibíní)
5 An Spailpín Fánach
6 An tEarrach Thiar

Aonad 1

7 Fógra a hAon, Cuid A
8 Fógra a hAon, Cuid A
9 Fógra a Dó, Cuid A
10 Fógra a Dó, Cuid A
11 Comhrá a hAon, Cuid B
12 Comhrá a hAon — An Chéad Mhír, Cuid B
13 Comhrá a hAon — An Dara Mír, Cuid B
14 Comhrá a Dó, Cuid B
15 Comhrá a Dó — An Chéad Mhír, Cuid B
16 Comhrá a Dó — An Dara Mír, Cuid B
17 Píosa a hAon, Cuid C
18 Píosa a hAon, Cuid C
19 Píosa a Dó, Cuid C
20 Píosa a Dó, Cuid C
21 Scrúdú 50, Aonad 1

Aonad 2

22 Fógra a hAon, Cuid A
23 Fógra a hAon, Cuid A
24 Fógra a Dó, Cuid A
25 Fógra a Dó, Cuid A
26 Comhrá a hAon, Cuid B
27 Comhrá a hAon — An Chéad Mhír, Cuid B
28 Comhrá a hAon — An Dara Mír, Cuid B
29 Comhrá a Dó, Cuid B
30 Comhrá a Dó — An Chéad Mhír, Cuid B
31 Comhrá a Dó — An Dara Mír, Cuid B
32 Píosa a hAon, Cuid C
33 Píosa a hAon, Cuid C
34 Píosa a Dó, Cuid C
35 Píosa a Dó, Cuid C
36 Scrúdú 50, Aonad 2

Aonad 3

37 Fógra a hAon, Cuid A
38 Fógra a hAon, Cuid A
39 Fógra a Dó, Cuid A
40 Fógra a Dó, Cuid A
41 Comhrá a hAon, Cuid B
42 Comhrá a hAon — An Chéad Mhír, Cuid B
43 Comhrá a hAon — An Dara Mír, Cuid B
44 Comhrá a Dó, Cuid B
45 Comhrá a Dó — An Chéad Mhír, Cuid B
46 Comhrá a Dó — An Dara Mír, Cuid B

Clár CD 2

Aonad 3 ar lean

1 Réamhrá
2 Píosa a hAon, Cuid C
3 Píosa a hAon, Cuid C
4 Píosa a Dó, Cuid C
5 Píosa a Dó, Cuid C
6 Scrúdú 50, Aonad 3

Aonad 4

7 Fógra a hAon, Cuid A
8 Fógra a hAon, Cuid A
9 Fógra a Dó, Cuid A
10 Fógra a Dó, Cuid A
11 Comhrá a hAon, Cuid B
12 Comhrá a hAon — An Chéad Mhír, Cuid B
13 Comhrá a hAon — An Dara Mír, Cuid B
14 Comhrá a Dó, Cuid B
15 Comhrá a Dó — An Chéad Mhír, Cuid B
16 Comhrá a Dó — An Dara Mír, Cuid B
17 Píosa a hAon, Cuid C
18 Píosa a hAon, Cuid C
19 Píosa a Dó, Cuid C
20 Píosa a Dó, Cuid C
21 Scrúdú 50, Aonad 4

Aonad 5

22 Fógra a hAon, Cuid A
23 Fógra a hAon, Cuid A
24 Fógra a Dó, Cuid A
25 Fógra a Dó, Cuid A
26 Comhrá a hAon, Cuid B
27 Comhrá a hAon — An Chéad Mhír, Cuid B
28 Comhrá a hAon — An Dara Mír, Cuid B
29 Comhrá a Dó, Cuid B
30 Comhrá a Dó — An Chéad Mhír, Cuid B
31 Comhrá a Dó — An Dara Mír, Cuid B
32 Píosa a hAon, Cuid C
33 Píosa a hAon, Cuid C
34 Píosa a Dó, Cuid C
35 Píosa a Dó, Cuid C
36 Scrúdú 50, Aonad 5

1 An Scrúdú Cainte

Treoir don scrúdú cainte

- Mairfidh an bhéaltriail 15 nóiméad (*the oral Irish exam will last for 15 minutes*).
- Beidh ceithre chuid ann (*there will be four parts to the exam*):

1	Fáiltiú	1 nóiméad	5 marc
2	Léamh na filíochta	2 nóiméad	35 marc
3	Cur síos ar shraith pictiúr	4 nóiméad	80 marc
4	Comhrá	6–8 nóiméad	120 marc
	Iomlán	**15 nóiméad**	**240 marc**

Fáiltiú

- Sonraí pearsanta (*personal details*): ainm, aois, seoladh baile, dáta breithe, scrúduimhir.

Léamh na filíochta

- Beidh ort ceann amháin de na cúig dhán ainmnithe ón gcúrsa comónta litríochta a aithris nó a léamh os ard (*you will be asked to read out one of the five poems common to both the higher and ordinary level courses*).
- Ní mór duit aire a thabhairt do (*you must pay careful attention to*):
  - tuiscint ar an dán (*the understanding of the poem*)
  - cruinneas foghraíochta (*the accuracy of your pronunciation*)
  - rithim an dáin (*rhythm of the poem*).
- Roghnóidh an scrúdaitheoir an dán (*the examiner will choose the poem*).
- Ní thabharfar aon am chun an dán a ullmhú sa scrúdú (*no time will be given to prepare the reading of the poem*).
- Beidh cead agat do chóip féin den dán a úsáid (*you may use your own copy of the poem*).

Cur síos ar shraith pictiúr (*description of a sequence of pictures*)

- Beidh 20 pictiúir ann le sraith 6 phictiúr ar gach leathanach díobh (*there will be 20 pages with 6 pictures on each page*).
- Beidh 20 leathanach nua ar fáil gach bliain (*there will be 20 new pages every year*).
- Roghnóidh an scrúdaitheoir leathanach amháin go randamach sa scrúdú (*the examiner will randomly select one page in the exam*).
- Beidh ort (*You must*):
  - cur síos a dhéanamh ar an tsraith pictiúr (*describe the picture sequence*)
  - ceisteanna a fhreagairt bunaithe ar na pictiúir (*answer questions about the pictures*)
  - ceist a chur ar an scrúdaitheoir faoi ábhar na bpictiúr (*ask the examiner questions about the pictures*).

Comhrá

- Beidh comhrá ginearálta (*a general conversation*) ann sa chuid seo.
- Tosóidh an comhrá leis an ngarthimpeallacht (*the conversation will start with the local environment*); ansin leathnófar ábhar an chomhrá (*then the conversation will broaden out*).
- Beidh 75 marc ag gabháil leis an stór Gaeilge (*there will be 75 marks for the vocabulary*).
- Beidh 45 marc ag gabháil leis an gcumas Gaeilge – líofacht agus cruinneas (*there will be 45 marks for fluency and accuracy*).

Léamh na filíochta

Clár CD 1

1 Réamhrá

Léamh na filíochta

2 Géibheann
3 Colscaradh
4 Mo Ghrá-sa (idir lúibíní)
5 An Spailpín Fánach
6 An tEarrach Thiar

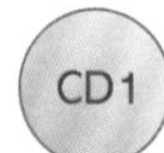

Éist leis an dlúthdhiosca.

T2 **Géibheann**
Caitlín Maude

Ainmhí mé

ainmhí allta
as na teochreasa
a bhfuil cliú agus cáil
ar mo scéimh

chroithfinn crainnte na coille
tráth
le mo gháir

ach anois
luím síos
agus breathnaím trí leathshúil
ar an gcrann aonraic sin thall
tagann na céadta daoine
chuile lá

a dhéanfadh rud ar bith
dom
ach mé a ligean amach

T3 Colscaradh

Pádraig Mac Suibhne

Shantaigh sé bean
i nead a chine,
faoiseamh is gean
Ar leac a thine,
aiteas is greann
i dtógáil chlainne.

Shantaigh sí fear
is taobh den bhríste,
dídean is searc
is leath den chíste,
saoire thar lear
is meas na mílte.

Thángthas ar réiteach.
Scaradar.

T4 Mo Ghrá-sa (idir lúibíní)

Nuala Ní Dhomhnaill

Níl mo ghrá-sa
mar bhláth na n-áirní
a bhíonn i ngairdín
(nó ar chrann ar bith)
is má tá aon ghaol aige
le nóiníní
is as a chluasa a fhásfaidh siad
(nuair a bheidh sé ocht dtroigh síos)

ní haon ghlaise cheolmhar
iad a shúile
(táid róchóngarach dá chéile)
ar an gcéad dul síos

is más slim é síoda
tá ribí a ghruaige
(mar bhean dhubh Shakespeare)
ina wire deilgní.

Ach is cuma sin.
Tugann sé dom
úlla
(is nuair a bhíonn sé i ndea-ghiúmar)
caora finiúna.

T5 An Spailpín Fánach
File Anaithnid

Im spailpín fánach atáim le fada
ag seasamh ar mo shláinte,
ag siúl an drúchta go moch ar maidin
's ag bailiú galair ráithe
ach glacfad fees ó rí na gcroppies,
cleith is píc chun sáite
's go brách arís ní ghlaofar m'ainm
sa tír seo, an spailpín fánach.

Ba mhinic mo thriall go Cluain gheal Meala
's as sin go Tiobraid Árann;
i gCarraig na Siúire thíos do ghearrainn
cúrsa leathan láidir
i gCallainn go dlúth 's mo shúiste im ghlaic
ag dul chun tosaigh ceard leo
's nuair théim go Durlas 's é siúd bhíonn agam –
'Sin chú'ibh an spailpín fánach!'

Go deo deo arís ní raghad go Caiseal
ag díol ná ag reic mo shláinte
ná ar mhargadh na saoire im shuí cois balla,
im scaoinse ar leataoibh sráide
bodairí na tíre ag tíocht ar a gcapaill
á fhiafraí an bhfuilim hireálta:
'téanam chun siúil, tá an cúrsa fada' –
siúd siúl ar an spailpín fánach.

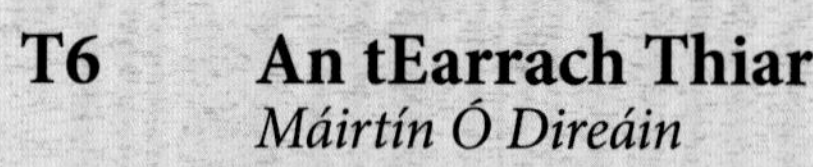

T6 An tEarrach Thiar

Máirtín Ó Direáin

Fear ag glanadh cré
De ghimseán spáide
Sa gciúineas shéimh
I mbrothall lae
Binn an fhuaim
San Earrach thiar.

Fear ag caitheadh
Cliabh dhá dhroim
Is an fheamainn dhearg
Ag lonrú
I dtaitneamh gréine
Ar dhuirling bháin.
Niamhrach an radharc
San Earrach thiar.

Mná i locháin
In íochtar diaidh-thrá,
A gcótaí craptha,
Scáilí thíos fúthu;
Támh-radharc síothach
San Earrach thiar.

Toll-bhuillí fanna
Ag maidí rámha
Currach lán d'éisc
Ag teacht chun cladaigh
Ar ór-mhuir mhall
I ndeireadh lae
San Earrach thiar.

Beannú (*Greeting*)

An scrúdaitheoir: Dia duit.
An t-iarrthóir: Dia is Muire duit.
An scrúdaitheoir: Bail ó Dhia ort.
An t-iarrthóir: An bhail chéanna ort.
An scrúdaitheoir: Suigh síos ansin.
An t-iarrthóir: Go raibh maith agat.
An scrúdaitheoir: Cén t-ainm atá ort?
An t-iarrthóir: Máire an t-ainm atá orm.
An scrúdaitheoir: Cad is ainm duit?
An t-iarrthóir: Seán is ainm dom.
An scrúdaitheoir: Conas atá tú? / Cén chaoi a bhfuil tú? / Cad é mar atá tú? (*How are you?*)
An t-iarrthóir: Tá mé go maith, go raibh maith agat (*I am well, thank you*).
Tá mé thar cionn, slán a bheas tú (*I am great, thank you*).
Ar fheabhas, buíochas le Dia (*Great, thanks be to God*).
Tá mé an-neirbhíseach (*I am very nervous*).
Ní gearánta dom (*I can't complain*).
An scrúdaitheoir: Cén scrúduimhir atá agat? (*What is your exam number?*)
An t-iarrthóir: Is í an scrúduimhir atá agam ná …

Leaganacha cainte áisiúila (*Useful phrases*)

Ceapaim / Sílim	*I think*
Tuigim / Ní thuigim	*I understand / don't understand*
Aontaím leat / Ní aontaím leat	*I agree with you / don't agree*
Is maith liom	*I like*
Is breá liom	*I love*
Ó am go ham	*From time to time*
Anois is arís	*Now and again*
Uaireanta	*Sometimes*
Is é mo thuairim / Is é mo bharúil	*It is my opinion*
Ní dóigh liom é	*I don't think so*
Gan dabht / Gan amhras	*Without doubt*
Ar an gcéad dul síos	*First of all*
Is deacair a rá	*It's hard to say*
Is deacair é sin a chreidiúint	*It's hard to believe that*
Cinnte	*Certainly*
Tá brón orm ach ní thuigim an cheist	*I am sorry but I do not understand the question*
An bhféadfá an cheist sin a chur orm arís, le do thoil?	*Can you ask me that question again, please?*
Tá a fhios agam	*I know*
Aontaím leis an tuairim sin	*I agree with that opinion*
Ní aontaím leis an tuairim sin	*I do not agree with that opinion*

Is é mo thuairim

MÉ FÉIN AGUS MO CHLANN / THEAGHLACH

Mé féin

Áine is ainm dom / Áine an t-ainm atá orm	*Ann is my name*
Tá mé cúig bliana déag d'aois / sé bliana déag d'aois / seacht mbliana déag d'aois / ocht mbliana déag d'aois / naoi mbliana déag d'aois	*I am 15 / 16 / 17 / 18 / 19 years old*
Is mise an duine is sine sa chlann	*I am the eldest in the family*
Is mise an duine is óige sa chlann	*I am the youngest in the family*
Is mise an dara duine is sine / is óige sa chlann	*I am the second eldest / youngest in the family*
Is mise an tríú duine is sine / is óige sa chlann	*I am the third eldest / youngest in the family*
Tá gruaig dhonn / rua / dhubh / fhionn orm	*I have brown / red / black / blond hair*
Tá dath gorm / glas / donn / liath ar mo shúile	*My eyes are blue / green / brown / grey*
Tá mé cúig / sé troithe agus cúig / sé horlaí	*I am 5 / 6 feet and 5 / 6 inches*
Tá fón póca agam	*I have a mobile phone*
Cheannaigh mo thuismitheoirí é dom do mo bhreithlá	*My parents bought it for me for my birthday*
Is ceann maith é; tá ceamara iontach ann	*It's a good one; it has a great camera*
Cén sórt duine tú?	*What sort of a person are you?*
Is duine cairdiúil mé	*I am a friendly person*
Tá an-suim agam sa spórt	*I have a great interest in sport*
Níl suim dá laghad agam sa spórt	*I haven't the slightest interest in sport*
Is duine leisciúil mé	*I am a lazy person*
Imrím cispheil	*I play basketball*
Imríonn leis an gclub áitiúil	*I play with the local club*
Tá foireann mhaith againn	*We have a good team*
Is maith liom dul amach le mo chairde sa cheantar áitiúil	*I like to go out with my friends in the local area*
Téimid isteach go lár na cathrach / lár an bhaile ó am go ham	*We go into the city centre / the town centre from time to time*

Féach aidiachtaí, l. 135.

Mo chlann

Inis dom faoi do chlann / theaghlach	*Tell me about your family*
Tá … sa chlann (duine / beirt / triúr / ceathrar / cúigear / seisear / seachtar / ochtar / naonúr / deichniúr)	*There are ... in the family*
Tá … deartháir(eacha) agam agus tá … deirfiúr(acha) agam	*I have ... brothers and ... sisters*
Tá deartháir amháin agam	*I have one brother*
Tá deirfiúr amháin agam	*I have one sister*
Níl aon deartháir / deirfiúr agam	*I have no brother / sister*
Is páiste aonair mé	*I am an only child*
Is leathchúpla mé	*I am a twin*
Tabhair eolas anois dom mar gheall ar gach deartháir agus deirfiúr atá agat	*Tell me about your brothers and sisters*

Deartháir

Seán is ainm do mo dheartháir	*Seán is my brother's name*
Is é Seán an duine is sine sa chlann	*Seán is the eldest in the family*
Is é Seán an dara duine is óige sa chlann	*Seán is the second youngest in the family*
Tá sé ocht mbliana déag d'aois	*He is 18 years of age*
Tá sé trí bliana déag d'aois	*He is thirteen*
Tá sé ag freastal ar an mbunscoil / meánscoil áitiúil	*He goes to the local primary / secondary school*
Tá sé ag freastal ar an ollscoil	*He attends university*
Is duine suimiúil, deas, greannmhar é	*He is interesting, nice and humorous*
Tá an-suim aige sa spórt	*He has a great interest in sport*
Imríonn sé peil Ghaelach /iománaíocht / rugbaí / leadóg / haca / sacar	*He plays Gaelic football / hurling / rugby / tennis / hockey / soccer*
Níl suim dá laghad aige sa spórt	*He has no interest in sport*
Is breá leis an léitheoireacht agus an drámaíocht	*He likes reading and drama*
Réitím go maith leis	*I get on well with him*

Féach aidiachtaí ar l. 135.

Deirfiúr

Máire is ainm do mo dheirfiúr	*Mary is my sister's name*
Níl ach deirfiúr amháin agam	*I have only one sister*
Is í Máire an duine is sine / is óige sa chlann	*She is the eldest / youngest in the family*
Tá sí naoi mbliana / déag d'aois	*She is 9 / 19 years of age*
Tá sí ag freastal ar an mbunscoil / meánscoil áitiúil	*She attends the local primary / secondary school*
Tá sí i Rang a Trí / sa Tríú Bliain	*She is in Third Class / Year*
Tá suim aici sa spórt / drámaíocht / rince Gaelach	*She is interested in sport / drama / Irish dancing*
Imríonn sí leis an gclub áitiúil	*She plays with the local club*
Téann sí ag traenáil dhá oíche in aghaidh na seachtaine	*She goes training two nights a week*
Bíonn cluiche / rang aice gach Satharn	*She has a game / class every Saturday*
Is peata ceart í	*She is a pet*
Is breá léi éadaí agus cúrsaí faisin	*She loves clothes and fashion*
Réitím go maith léi an chuid is mó den am	*I get on well with her most of the time*

Athair

Pól is ainm do m'athair	*Paul is my father's name*
Is duine meánaosta é	*He is middle-aged*
Is duine cineálta, ciúin, dáiríre é	*He is a kind, quiet, serious person*
Ní bhíonn sé ródhian orm de ghnáth	*He is not usually too strict on me*
Tugann sé an-tacaíocht dom	*He gives me great support*
Is breá leis galf a imirt	*He loves to play golf*
Oibríonn sé in oifig i lár na cathrach	*He works in an office in the city centre*
Bhí post aige ach tá sé dífhostaithe anois	*He had a job but he is unemployed now*
Ní maith leis an post atá aige	*He doesn't like the job he has*
Is bainisteoir peile é leis an gclub áitiúil	*He is a football manager with the local club*
Bíonn sé an-ghnóthach an t-am ar fad	*He is always busy*
Is maith leis dul ag snámh, ag iascaireacht, ag imirt leadóige	*He likes swimming, fishing, playing tennis*
Faraor tá m'athair marbh	*Unfortunately my father is dead*
Fuair sé bás go tobann cúpla bliain ó shin	*He died suddenly a few years ago*
Bhí sé tinn ar feadh tamaill	*He was sick for a while*
Tá mo thuismitheoirí scartha	*My parents are separated*
Ní chónaíonn m'athair linn sa bhaile	*My father doesn't live with us at home*
Ach feicim é gach deireadh seachtaine	*But I see him every weekend*
Ní fheicim é go minic	*I don't see him often*
Cónaíonn sé faoin tuath / thar lear	*He lives in the country / abroad*

Féach aidiachtaí ar l. 135; féach poist ar l. 73.

Máthair

Aoife is ainm do mo mháthair	*Aoife is my mother's name*
Is duine meánaosta í	*She is middle-aged*
Is duine macánta, cabhrach, lách í	*She is an honest, helpful, pleasant person*
Oibríonn sí go dian	*She works hard*
Tugann sí aire don chlann go léir	*She takes care of the family*
Tá post lánaimseartha aici	*She has a full-time job*
Tá post páirtaimseartha aici	*She has a part-time job*
Ní oibríonn sí taobh amuigh den teach	*She doesn't work outside the house*
Is bean tí í	*She is a housewife*
Is bean tí í chomh maith	*She is a housewife too*
Ullmhaíonn sí na béilí don chlann gach lá	*She prepares the meals for the family every day*
Is cócaire maith í	*She is a good cook*
Glanann sí an teach	*She cleans the house*
Tugann sí aire do na páistí	*She takes care of the children*
Níonn sí na héadaí	*She washes the clothes*
Cuireann sí ord agus eagar ar an teach	*She organises the house*
Tugann sí síob dúinn go minic	*She often gives us a lift*
Is duine foighneach, cabhrach í	*She is a patient, helpful person*
Is duine teasaí í	*She is a hot-tempered person*
Bíonn an-smacht aici sa teach	*She has good discipline in the house*
Is amhránaí an-mhaith í	*She is a good singer*
Is breá léi spórt; imríonn sí …	*She loves sport; she plays …*
Téann sí ag siúl gach lá / oíche lena cairde	*She goes out walking every day / night with her friends*
Faraor fuair sí bás cúpla bliain ó shin	*Unfortunately she died a couple of years ago*
Bhí sí tinn ar feadh tamaill	*She was sick for a while*

Seantuismitheoirí

Inis dom faoi do sheantuismitheoirí / gharthuismitheoirí	*Tell me about your grandparents*
Tá siad fós beo, buíochas le Dia	*They are still alive, thank God*
Tá duine amháin beo	*One of them is alive*
Tá siad sean	*old*
Tá siad meánaosta	*middle-aged*
Tá sí / sé / siad tinn	*sick*
sláintiúil	*healthy*
Tugaim cuairt orthu go minic	*I often visit them*
Cónaíonn siad faoin tuath	*They live in the countryside*
Cónaíonn siad gar do mo theach	*They live near my house*
Is daoine deasa iad	*They are nice people*
Is duine cairdiúil é	*He is a friendly person*
Is duine greannmhar í	*She is a funny person*
Tá mé an-cheanúil air / uirthi / orthu	*I am very fond of him / her / them*

Peataí

An bhfuil madra nó cat agaibh sa bhaile?	*Do you have a dog or cat at home?*
Tá peata againn sa bhaile	*We have a pet at home*
Tá madra / cat againn	*We have a cat / dog*
Spot is ainm don ainmhí seo / Spot is ainm dó	*His name is Spot*
Tá dath donn / dubh / bán air	*He is brown / black / white*
Tá an chlann go léir an-cheanúil air	*All the family are fond of him*
Is cuid mhór den chlann é	*He is a big part of the family*
Tá sé againn le fada agus mar sin tá sé sean go leor	*We have him for a long time and he is quite old*
Fuaireamar é le déanaí agus is ainmhí óg é	*We got him recently and he is a young animal*
Téim amach ag siúl leis san oíche go minic	*I often go out walking with him at night*
Uaireanta bím leisciúil agus ní théim amach leis	*Sometimes I am lazy and I do not go out with him*
Ansin bíonn mo mháthair ag gearán	*Then my mother complains*

Bileog oibre

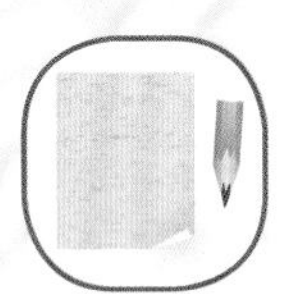

- Cad is ainm duit / Cén t-ainm atá ort?
- ______________________ is ainm dom / an t-ainm atá orm.
- Cén sloinne atá agat? ______________________
- Cé mhéad duine atá sa chlann? ______________________
- Anois scríobh cuntas ar cheathrar i do chlann.

1. ____

   ____

   ____

   ____

2. ____

   ____

   ____

   ____

3. ____

   ____

   ____

   ____

4. ____

   ____

   ____

   ____

- Cén sórt duine tú?

____

____

____

- Cén aois tú?

____

Mo cheantar

áiseanna sa cheantar	*facilities in the area*
scoileanna	*schools*
leabharlann	*library*
lárionad siopadóireachta	*shopping centre*
ollmhargadh	*supermarket*
siopa poitigéara	*chemist*
siopa crua-earraí	*hardware shop*
siopa nuachtán	*newsagent*
pictiúrlann	*cinema*
séipéal	*church*
monarcha	*factory*
lárionad sláinte	*health centre*
linn snámha	*swimming pool*
amharclann	*theatre*
tithe tábhairne	*pubs*
oifig an phoist	*post office*
banc	*bank*
páirceanna imeartha	*playing fields*
galfchúrsa	*golf course*
club leadóige	*tennis club*
cúirteanna leadóige	*tennis clubs*
club óige	*youth club*
club sacair	*soccer club*

cúirteanna cispheile	*basketball courts*
lárionad spóirt	*sports centre*
clubanna spóirt	*sports clubs*
siopa leabhar	*book shop*
ospidéal / otharlann	*hospital*
Tá neart áiseanna ann do dhaoine óga chomh maith	*There are plenty of facilities for young people here*
Is áit an-lárnach é mo cheantar	*It is a very central place*
Is áit álainn í	*It is a beautiful place*
Ní maith liom mo cheantar mar ...	*I do not like my area because ...*
Tógann sé cúpla nóiméad chun dul isteach sa chathair / sa bhaile mór	*It takes a few minutes to go into the city / town*
Tá stáisiún Dart / Luas cóngarach do mo theach	*The Dart / Luas station is near my house*
Bíonn an trácht go dona	*The traffic is bad*
Ní bhíonn fadhb ar bith againn le trácht	*We don't have any problem with traffic*
Bíonn fadhbanna ann maidir le gadaíocht, le drugaí, le bruscar, le torann agus leis na comharsana	*There are problems with robbery, drugs, litter, noise and with the neighbours*
Bíonn an áit torannach, plódaithe agus contúirteach	*The place is noisy, packed and dangerous*
Tá rudaí maithe ag baint leis an gceantar freisin	*There are good things associated with the area too*
Tá comharsana maithe againn	*We have good neighbours*
Bíonn gach rud in aice láimhe sa chathair	*Everything is near in the city*
Is bruachbhaile beag é ar imeall na cathrach	*It is a small suburb on the edge of the city*
Tá an timpeallacht níos sláintiúla faoin tuath	*The environment is healthier in the country*
Níl tithe chomh daor faoin tuath is atá siad sa chathair	*Houses are not as expensive in the country as they are in the city*
Cónaím ar fheirm	*I live on a farm*
Tá ainmhithe againn ar an bhfeirm	*We have animals on the farm*
muca	*pigs*
cearca	*hens*
sicíní	*chickens*
madraí	*dogs*
beithígh	*cattle*
Níl ainmhithe againn ar an bhfeirm	*We don't have animals on the farm*
Fásann barra ar an bhfeirm, mar shampla,	*Crops grow on the farm, for example,*
prátaí	*potatoes*
glasraí	*vegetables*
eorna	*barley*

Bileog oibre

- Cá bhfuil tú i do chónaí? / Cá bhfuil cónaí ort?

- Cá bhfuil sé suite?

- An maith leat do cheantar? Cén fáth?

- An bhfuil a lán áiseanna i do cheantar?

- An bhfuil áiseanna i do cheantar do dhaoine óga?

- An bhfuil fadhbanna i do cheantar?

- Cad é an rud is fearr faoi do cheantar i do thuairim féin?

AN TEACH

Tá mo theach suite	*My house is situated*
faoin tuath	*in the countryside*
in aice na farraige	*beside the sea*
ag bun na sléibhte	*at the foot of the mountains*
i mbaile iargúlta	*in a remote place*
sa bhaile mór	*in the town*
i lár na cathrach	*in the city centre*
i gceantar álainn	*in a beautiful place*
sa Ghaeltacht	*in the Gaeltacht*
Cónaím	*I live*
i dteach scoite	*in a detached house*
i dteach leathscoite	*in a semi-detached house*
i mbungaló	*in a bungalow*
in árasán	*in an apartment*
in eastát tithíochta	*in a housing estate*
Is teach dhá stór é	*It is a two-storey house*
thuas staighre	*upstairs*
trí sheomra leapa	*three bedrooms*
seomra folctha	*bathroom*
Tá seomra leapa eile san áiléar freisin	*There is also another bedroom in the attic*
thíos staighre	*downstairs*
seomra bia	*dining room*
an chistin	*the kitchen*
an seomra suite	*the sitting room*
an seomra áise	*the utility room*
Is teach nua-aimseartha é	*It's a modern house*
Is seanteach é	*It's an old house*
Tá an teach suite i lár na cathrach	*The house is in the city centre*
ar imeall an bhaile	*at the edge of the town*
ar thaobh an bhóthair	*at the side of the road*
gairdín tosaigh	*front garden*
cúlghairdín	*back garden*
garáiste	*garage*
ar thaobh an tí	*at the side of the house*

Troscán agus trealamh sa chistin (*Furniture and equipment in the kitchen*)

cuisneoir, oigheann	*fridge, oven*
meaisín níocháin	*washing machine*
miasniteoir, doirteal, sconna, reoiteoir	*dishwasher, sink, tap, freezer*
oigheann micreathonnach	*microwave*

Troscán agus trealamh sa seomra suí (*Furniture and equipment in the sitting room*)

tolg, cófraí	*sofa, presses*
cathaoir uilleann	*armchair*
leabhragán	*book shelf*
teilifís, lampa	*television, lamp*
brat urláir	*rug / carpet*
grianghraif, seilfeanna	*photographs, shelves*

Troscán agus trealamh sna seomraí eile thuas staighre (*Furniture and equipment upstairs*)

leaba, vardrús, folcadán, cithfholcadán, leithreas	*bed, wardrobe, bath, shower, toilet*
bord maisiúcháin	*dressing table*
bord staidéir	*study desk*

Sa ghairdín (*In the garden*)

Sa ghairdín tá féar	*There is grass in the garden*
plandaí, bláthanna, glasraí, fiailí	*plants, flowers, vegetables, weeds*
crann úll ag fás	*an apple tree growing*
Tugann mo thuismitheoirí aire don ghairdín	*My parents look after the garden*
Níl mórán suime agam ann ach amháin nuair a bhíonn an ghrian ag scoilteadh na gcloch	*I don't have much interest in it except when it's very sunny*

Déan cur síos ar do sheomra codlata féin

Is aoibhinn liom mo sheomra codlata féin	*I love my own bedroom*
Tá sé thuas staighre	*It is upstairs*
Is seomra mór / beag é	*It is a big / small room*
Ní chuireann daoine isteach orm sa seomra sin	*People don't bother me there*
Déanaim m'obair bhaile ansin	*I do my homework there*
Tá teilifís agus ríomhaire glúine agam sa seomra	*I have a television and a laptop in the room*
Uaireanta caithim mo chuid saorama sa seomra seo ag éisteacht le ceol nó ag féachaint ar an teilifís	*Sometimes I spend my free time in this room, listening to music or looking at television*
vardrús, leaba, teilifís	*wardrobe, bed, television*
bord staidéir	*study desk*
bord maisiúcháin	*dressing table*
Thug mo thuismitheoirí cead dom é a mhaisiú an bhliain seo caite	*My parents gave me permission to decorate it last year*
Cheannaigh mo thuismitheoirí troscán nua dom don seomra	*My parents bought me new furniture for the room*

Bileog oibre

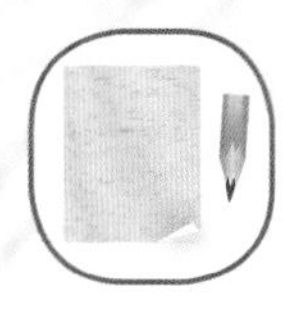

- Cén sórt tí atá agat?

- An maith leat do theach? Cén fáth?

- Déan cur síos ar do sheomra leapa / an seomra suite / an chistin.

- Déan cur síos ar an ngairdín / na gairdíní.

An scoil

… is ainm don scoil seo	*… is the name of the school*
Is scoil lae í	*It is a day school*
Is scoil chónaithe í	*It is a boarding school*
Is scoil chuimsitheach í	*It is a comprehensive school*
Is clochar í	*It is a convent*
Is meánscoil í	*It is a secondary school*
Is pobalscoil í	*It is a community school*
Is gairmscoil í	*It is a vocational school*
Is scoil lán-Ghaelach í	*It is an all-Irish school*
Is scoil do chailíní amháin í	*It is an all-girls' school*
Is scoil do bhuachaillí amháin í	*It is an all-boys' school*
Is scoil mheasctha í	*It is a mixed school*
Tá cailíní agus buachaillí sa scoil	*There are boys and girls in the school*
Tá an scoil suite i lár na cathrach	*The school is situated in the city centre*
faoin tuath	*in the country*
i lár an bhaile	*in the town*
i dtuaisceart na cathrach	*on the northside of the city*
i ndeisceart na cathrach	*on the southside of the city*
ar imeall an bhaile	*at the edge of the town*
in áit iargúlta	*in a remote place*
ar oileán	*on an island*
Tá an scoil suite míle / dhá mhíle / trí mhíle ó mo theach	*The school is a mile / two miles / three miles from my house*
Is áit álainn í	*It is a beautiful place*
Tá an scoil suite in aice na farraige	*The school is beside the sea*
in aice na sléibhte	*beside the mountains*
gar don chathair	*near the city*
ar an gcósta	*on the coast*
i lár tíre	*in the midlands*
Téim ar scoil gach maidin ar an mbus scoile	*I go to school every day on the school bus*
ar an Dart	*on the Dart*
ar an traein	*on the train*
ar mo rothar	*on my bike*
le mo thuismitheoirí sa charr	*with my parents in the car*
Siúlaim ar scoil mar go gcónaím gar don scoil	*I walk because I live near the school*
Ní thógann sé ach deich nóiméad / fiche nóiméad / leathuair a chloig / uair a chloig	*It only takes ten minutes / twenty minutes / half an hour / an hour*
Buailim le mo chairde ar an mbealach	*I meet my friends on the way*

An príomhoide (*The principal*)

… is ainm don phríomhoide	*… is the principal's name*
Is duine deas cineálta é / í	*He / She is nice and kind*
Is duine macánta / crosta / ciúin é / í	*He / She is honest / cross / quiet*
Tugann sé / sí aire mhaith do na mic léinn	*He / She takes good care of the students*
Bíonn smacht aige / aici ar na scoláirí	*He / She has good discipline with students*
… is ainm don leas-phríomhoide	*… is the deputy principal's name*
Is duine deas / cairdiúil / cabhrach é / í	*He / She is nice / friendly / helpful*
Féachann sé / sí chuige go leanann na daltaí na rialacha	*He / She makes sure that the pupils follow the rules*
Má bhriseann buachaill / cailín riail labhraíonn an leas-phríomhoide leis / léi	*If a girl / boy breaks a rule the deputy principal speaks to him / her*
Bíonn air / uirthi fanacht siar tar éis scoile má bhriseann an dalta riail	*He / She has to stay behind after school if he / she breaks a rule*

Féach aidiachtaí ar l. 135.

Rialacha na scoile (*Rules of the school*)

Níl cead tobac a chaitheamh	*Smoking is not permitted*
Níl cead fón póca a bheith ag daltaí	*Students are not permitted to have a mobile phone*
Níl cead an scoil a fhágáil i rith an lae	*There is no permission to leave the school during the day*
Caithfidh gach dalta an obair bhaile a dhéanamh	*Every student must do the homework*
Caithfidh gach scoláire a bheith dea-bhéasach	*Every student must be well-mannered*
Níl cead againn smideadh a chaitheamh	*We cannot wear make-up*
Níl guma coganta ceadaithe sa scoil	*Chewing gum is not allowed in school*
Is é mo thuairim go bhfuil na rialacha ceart go leor	*I think the rules are ok*
Bíonn siad ann chun smacht a choinneáil sa scoil seo atá an-mhór	*They are there to keep discipline in this school which is very big*
Ní bhíonn mórán fadhbanna smachta sa scoil mar gur scoil bheag í	*There are not many discipline problems in this school because it is a small school*
Bíonn an-chuid fadhbanna smachta sa scoil seo	*There are many discipline problems in this school*
Bíonn rialacha i ngach áit	*Rules are everywhere*
De ghnáth déanann na daltaí an rud ceart ach anois is arís tarlaíonn eachtraí éagsúla	*Usually students do the right thing but now and again incidents happen*
Má bhíonn daltaí déanach go rialta bíonn orthu fanacht siar tar éis scoile ar an Aoine	*If students are often late they have to stay back after school on a Friday*
Má fhaigheann dalta cárta gearáin trí huaire bíonn orthu fanacht siar tar éis na scoile freisin	*If a student gets a report card on three occasions they have to stay behind after school also*

An Teastas Sóisearach (*Junior Certificate*)

Cheap mé go raibh an Teastas Sóisearach an-éasca / an-dian ag an am	*I thought the Junior Certificate was very easy / hard at the time*
D'éirigh liom gráid mhaithe a bhaint amach sa scrúdú sin	*I managed to get good grades in the exam*
Níor éirigh go maith liom	*I didn't do well*
Bhí mé sásta le mo thorthaí	*I was happy with my results*
Ach tá an Ardteistiméireacht níos deacra	*However, the Leaving Certificate is harder*
Tá i bhfad níos mó le foghlaim	*There is much more to learn*
Tá na cúrsaí ar fad an-leathan	*The courses are very broad*
Bíonn an-chuid obair bhaile le déanamh	*There is a lot of homework to do*
Bíonn sé deacair staidéar a dhéanamh ag an am céanna	*It is difficult to study at the same time*

Scrúdú na hArdteistiméireachta (*Leaving Certificate*)

Tá mé réidh / ullamh do scrúdú na hArdteistiméireachta anois	*I am ready for the Leaving Certificate now*
Chaith mé an-chuid ama thar na míonna i mbliana ag staidéar agus ag ullmhú do na scrúduithe	*I spent a lot of time over the months this year studying and preparing for the exams*
Dar ndóigh tá a lán / go leor rudaí fós le déanamh agam roimh na scrúduithe	*Of course I have still a lot to do before the exams*
Ba mhaith liom fáil réidh leo ag an bpointe seo	*I would like to get them over with at this stage*
Tá mé bréan den staidéar agus den obair bhaile	*I am sick of study and homework*
Tá mé tuirseach chomh maith	*I am also tired*
Bíonn an-iomarca le déanamh sa séú bliain	*There is too much to do in sixth year*
Tá mé ag tnúth go mór le saol na hollscoile / le post a fháil	*I am looking forward to university life / to getting a job*
Níl mé réidh ar chor ar bith do na scrúduithe	*I am not at all ready for the exams*
Tá mé go mór faoi bhrú	*I am under great pressure*
Ní dhearna mé mórán oibre sa chúigiú bliain	*I didn't do much work in fifth year*
Tá an-chuid oibre le déanamh agam	*I have a lot of work to do*
Beidh mé ag staidéar as seo amach	*I will be studying from now on*
Ní bheidh nóiméad saor agam	*I will not have a free moment*
Is fuath liom an staidéar	*I hate studying*
Tá mé ag déanamh ranganna breise lasmuigh den scoil	*I am doing extra classes outside of school*
Ach chun an fhírinne a rá níl go leor ama fágtha	*To tell the truth there is not enough time left*

Ábhair scoile (*School subjects*)

Múintear a lán ábhar sa scoil seo, mar shampla,	*A lot of subjects are taught in this school, for example,*
Tá réimse leathan ábhair ar fáil sa scoil seo	*There is a wide range of subjects in this school*
Gaeilge	*Irish*
Béarla	*English*
Matamaitic	*Maths*
Matamaitic Fheidhmeach	*Applied Maths*
Léann Clasaiceach	*Classical Studies*
Fraincis	*French*
Gearmáinis	*German*
Spáinnis	*Spanish*
Eolaíocht	*Science*
Eolaíocht Talmhaíochta	*Agricultural Science*
Eacnamaíocht Bhaile	*Home Economics*
Ealaín	*Art*
Ceol	*Music*
Laidin	*Latin*
Corpoideachais	*Physical Education*
Stair	*History*
Tíreolaíocht	*Geography*
Staidéar Gnó	*Business Studies*
Fisic	*Physics*
Ceimic	*Chemistry*
Bitheolaíocht	*Biology*
Adhmadóireacht	*Woodwork*
Líníocht Theicniúil	*Technical Drawing*
Staidéar Foirgníochta / Staidéar Tógála	*Construction Studies*
Eacnamaíocht	*Economics*
Cuntasaíocht	*Accounting*
Déanaim féin …	*I do ...*

Inis dom faoin ábhar scoile is fearr leat

Is fearr liom an t-ábhar … ná aon ábhar eile	*I prefer the subject … to any other subject*
Rinne mé é don Teastas Sóisearach agus thaitin sé go mór liom	*I did it for the Junior Certificate and I liked it*
D'éirigh liom grád B a bhaint amach san ábhar sin sa Teastas Sóisearach	*I got a grade B in that subject in the Junior Certificate*
Ceapaim go bhfuil an t-ábhar sin éasca go leor	*I think that it is easy enough*
Ní bhíonn deacracht agam leis an ábhar sin	*I do not have difficulties with that subject*
Is maith liom an múinteoir	*I like the teacher*
Tá an-mheas agam ar an múinteoir sin	*I have a lot of respect for that teacher*
Tá modhanna múinte iontacha aige / aici	*He / She has great methods of teaching*
Míníonn sé / sí an t-ábhar go soiléir dúinn	*He / She explains the subject clearly to us*
Bíonn an rang suimiúil i gcónaí	*The class is always interesting*
Bíonn smacht aige / aici ar an rang	*He / She has control over the class*
Ní fhaighimid a lán obair bhaile	*We do not get a lot of homework*
Is maith liom an fhilíocht	*I like poetry*
aistí a scríobh	*writing essays*
na scéalta próis	*the prose stories*
stair na hÉireann	*history of Ireland*
stair na healaíne	*history of art*
Foghlaim faoi chorp an duine	*I learn about the body*
fuaim na teanga sin	*the sound of that language*
Foghlaim faoin domhan	*I learn about the world*
an dráma *An Triail*	*the play* An Triail
fadhbanna mata a fhuascailt	*to work out maths problems*
Foghlaim faoin tír agus faoi chúrsaí eacnamaíochta na tíre seo	*I learn about the country and the economic affairs of this country*
oibriú le huimhreacha	*to work with numbers*
uirlis cheoil a sheinm	*to play a musical instrument*
rudaí a dhéanamh as adhmad	*to make things from wood*
a bheith ag rith agus ag imirt cluichí foirne	*to run and play team games*

Inis dom faoi ábhar scoile nach dtaitníonn leat (*you don't like*)

Ach ní maith liom an t-ábhar …	*I do not like the subject …*
Tá brón orm gur roghnaigh mé an t-ábhar sin	*I am sorry that I chose that subject*
Ní maith liom é	*I don't like it*
Ceapaim go mbíonn an t-ábhar deacair agus casta	*I think that it is hard and complicated*
Ní maith liom an múinteoir	*I do not like the teacher*
Ní réitím go maith leis an múinteoir	*I do not get on well with the teacher*
Bíonn an-iomarca le foghlaim	*There is too much to learn*
Bíonn an t-ábhar dúshlánach	*The subject is challenging*
Bíonn scrúduithe againn rómhinic	*We have exams too often*
Faighimid a lán obair bhaile gach oíche	*We get a lot of homework every night*

Áiseanna (*Facilities*)

Tá / Níl áiseanna maithe againn sa scoil seo	*We have / do not have good facilities in this school*
Is scoil mhór / bheag í seo	*It is a big / small school*
Tá a lán seomraí ranga inti	*There are a lot of classrooms in it*
Tá seomra speisialta ann do na múinteoirí	*There is a special room for the teachers*
Tá an seomra foirne suite in áit lárnach	*The staffroom in located in a central place*
Tá trí shaotharlann	*There are three laboratories*
leabharlann	*library*
seomraí ealaíne	*art room*
trí chistin	*three kitchens*
seomra fuála	*sewing room*
ceithre oifig	*four offices*
bialann / ceaintín	*restaurant / canteen*
halla	*hall*
halla staidéir	*study hall*
seomra ceoil	*music room*
seomra adhmadóireachta	*woodwork room*
seomra miotalóireachta	*metalwork room*
seomra tíreolaíochta	*geography room*
seomra caidrimh	*common room*
cúirteanna leadóige	*tennis courts*
cúirteanna cispeile	*basketball courts*
páirc peile	*football pitch*
páirc haca	*hockey pitch*
páirc rugbaí	*rugby pitch*
halla spóirt	*sports hall*

Spórt

Imrím spórt sa scoil i mbliana	*I play sport in school this year*
Táim ar fhoireann na scoile faoi ocht déag	*I am on the school under-18 team*
Thosaigh mé ag imirt … nuair a bhí mé sa chéad bhliain	*I started playing… when I was in first year*
D'imir mé gach bliain	*I played every year*
D'éirigh mé as an spórt i mbliana mar go bhfuilim go mór faoi bhrú ag an staidéar	*I gave up sport this year because I am under huge pressure with study*
Rachaidh mé ar ais ag imirt an bhliain seo chugainn, le cúnamh Dé	*I will go back playing next year, please God*
Níl suim dá laghad agam sa spórt	*I have no interest whatsoever in sport*
Is fuath liom é	*I hate it*
Tuigim go bhfuil sé sláintiúil ach is cuma liom	*I know it is healthy but I don't care*

Féach nótaí ar spórt ar l. 36, 97.

Éide scoile (*School uniform*)

Is maith liom an chulaith scoile	*I like the school uniform*
Tá taithí agam uirthi anois	*I am used to it now*
Is maith / Ní maith liom an dath	*I like / do not like the colour*
Tá stíl na n-éadaí seo seanfhaiseanta	*The style of these clothes is old-fashioned*
Tá mé bréan de na héadaí seo a chaitheamh gach lá	*I am sick of wearing these clothes every day*
Ba bhreá liom dá mbeadh na daltaí in ann a gcuid éadaigh féin a chaitheamh	*I would love if the students could wear their own clothes*
Is é mo thuairim go bhfuil sé níos fearr éide scoile a chaitheamh	*In my opinion it is better to wear a school uniform*
Bíonn gach duine mar an gcéanna	*Everyone is the same*
Bheadh daltaí róbhuartha faoi chúrsaí faisin agus éadaí costasacha	*Students would be too taken up with fashion and expensive clothes*
B'fhearr liom gan éide scoile a chaitheamh	*I would prefer not to wear a uniform*
Múchann an t-éide scoile féiniúlacht an scoláire i mo thuairim	*The uniform undermines the student's individuality in my opinion*
Ba chóir go mbeadh cead againn ár n-éadaí féin a chaitheamh	*We should be allowed to wear our own clothes*
Caithimid sciorta / bríste, geansaí, léine	*We wear a skirt / trousers, jumper, shirt*
dúghorm, donn	*navy, brown*
liath, glas, gorm, bán	*grey, green, blue, white*
dearg, liath, donn, dubh	*red, grey, brown, black*
Bíonn orainn stocaí agus geansaí áirithe a chaitheamh freisin	*We also have to wear special socks and a jumper*
Tá éide dhifriúil againn don spórt agus don rang corpoideachais	*We have a different uniform for sport and for the PE class*

An ndearna tú an idirbhliain? (*Did you do transition year?*)

Rinne mé an idirbhliain	*I did transition year*
Bhain mé an-taitneamh as an mbliain sin	*I enjoyed that year*
Thug sé deis iontach dom bliain dhifriúil a bheith agam	*It gave me a great opportunity to have a different year*
Chuamar ar thurais shuimiúla	*We went on interesting trips*
Thug sé seans dúinn ábhair nua a dhéanamh, mar shampla …	*It gave us a chance to do new subjects, for example …*
Ach chomh maith leis sin rinneamar staidéar ar na gnáthábhair scoile	*Along with that we studied the usual subjects*
D'ullmhaíomar dráma / ceolchoirm an bhliain sin	*We prepared a play / concert that year*
Bhí páirt bheag agam sa seó sin	*I had a small part in that show*
Bhaineamar an-taitneamh as	*We really enjoyed it*
Bhí buachaillí / cailíní ón scoil áitiúil sa cheolchoirm freisin	*There were boys / girls from the local school in the concert as well*
Mar sin chuir mé aithne ar a lán daoine nua	*Therefore I got to know a lot of new people*

Ní raibh brú orainn ó thaobh scrúduithe de	*We had no pressure regarding exams*
Thug sé sos dúinn ón staidéar	*It gave us a break from studying*
Bhí lá spóirt againn i ngach téarma	*We had a sports day in each term*
Ach ar an lámh eile de bhí an t-uafás oibre le déanamh againn	*However, we had a huge amount of work to do*
Rinne mé tionscadal ar …	*I did a project on …*
Bhí an-chuid rudaí le hullmhú do na hábhair dhifriúla ar nós aistí agus díospóireachtaí agus …	*We had to prepare a lot of things for the different subjects like essays and debates and …*
B'fhiú go mór é	*It was well worth it*
Deir daoine gur cur amú ama í an idirbhliain ach ní aontaím leis sin / agus aontaím leis sin	*People say that it is a waste of time but I do not agree with that / and I agree with that*
Bíonn tuismitheoirí buartha nach rachaidh an dalta ar ais ag staidéar sa chúigiú bliain	*Parents worry that the students will not return to study in fifth year*
Ní raibh fadhb agam leis an staidéar ansin	*I did not have a problem with study then*
Bhí mé bliain níos sine agus níos aibí	*I was a year older and more mature*
Shocraigh mé síos ag obair go tapa sa chúigiú bliain	*I settled down to work quickly in fifth year*
Ní dhearna mé aon obair an bhliain sin	*I did no work that year*
Chuir mé an bhliain amú	*I wasted the year*
Chaith mé coicís ag déanamh taithí oibre	*I spent two weeks doing work experience*
Chuaigh mé ag obair i dteach altranais ag tabhairt aire do sheandaoine	*I went working in a nursing home for old people*
Bhí mé ag obair i siopa ag freastal ar na custaiméirí	*I was working in a shop serving customers*
Chaith mé coicís ag obair in oifig	*I spent two weeks working in an office*
D'fhreagair mé an teileafón ag an deasc fáilte	*I answered the telephone at the reception desk*
Bhí mé ag clóscríobh litreacha don bhainisteoir	*I was typing letters for the manager*
Thaitin an obair go mór liom mar go raibh sí suimiúil	*I enjoyed the work a lot because it was interesting*
Níor thaitin an obair liom mar go raibh sí leadránach	*I didn't like the work because it was boring*
Thug sé sos dúinn ó ranganna scoile ar feadh tamaill	*It gave us a break from classes for a while*
D'fhoghlaim mé a lán rudaí ansin	*I learnt a lot there*
Bhí tuirse orm ag deireadh an lae mar go raibh an obair dian	*I was tired at the end of the day because the work was hard*
Bhuail mé le daoine deasa cairdiúla a thug cabhair dom	*I met nice friendly people who helped me*
Ní dhearna mé an idirbhliain	*I didn't do the transition year*
Níor theastaigh uaim é a dhéanamh	*I didn't want to do it*
Níor chuir mé isteach air	*I didn't apply for it*
Ní raibh suim agam inti	*I had no interest in it*
Theastaigh uaim dul ar aghaidh agus an scoil a chríochnú	*I wanted to continue on and finish school*
Ní raibh rogha agam i mo scoil féin	*I had no choice in my own school*
Déanann gach dalta í	*Every student does it*
Ní raibh dóthain spáis ann do gach dalta	*There were not enough places for every student*
Ní raibh mo chairde sásta í a dhéanamh	*My friends didn't want to do it*
Bhí díomá orm nach raibh mé ábalta í a dhéanamh	*I was disappointed that I was not able to do it*
Níor chuir sí isteach orm	*It didn't bother me*
Tá áiféala orm anois nach ndearna mé í	*I regret that I did not do it*
Tá áthas orm anois nach ndearna mé í	*I am delighted that I did not do it*

Féach ar slite beatha l. 73, 146.

Ar bhain tú taitneamh as an tréimhse a chaith tú sa scoil seo? (*Did you enjoy your time in this school?*)

Bhain / Níor bhain mé taitneamh as an tréimhse a chaith mé sa scoil seo	*I enjoyed / did not enjoy the time I spent in this school*
Bhí mé sona anseo an chuid is mó den am	*I was happy here most of the time*
Tá atmaisféar deas sa scoil	*There is a nice atmosphere in the school*
Tá a lán cairde agam sa scoil seo agus is cairde maithe iad	*I have a lot of friends in this school and they are good friends*
Bíonn béim ar obair scoile chomh maith leis an spórt, an díospóireacht, an drámaíocht agus a lán rudaí eile	*There is emphasis on school work as well as sport, debating, drama and a lot of other things*
Tá caidreamh maith idir na scoláirí agus na múinteoirí	*There is a good relationship between students and teachers*
Bíonn duine de na múinteoirí ann de ghnáth chun cabhrú linn	*There is always one of the teachers there to help us*
Ceapaim go bhfuil an-iomarca rialacha sa scoil	*I think that there are too many rules in the school*
Bíonn na múinteoirí an-dian ar na daltaí	*The teachers are very strict on the students*
Ní maith liom an obair bhaile	*I don't like homework*
Faighimid an-iomarca le foghlaim	*We get too much to learn*
Ní duine spórtúil mé agus mar sin ní maith liom an rang corpoideachais	*I am not a sporty person and therefore I do not like the PE class*
Ní duine acadúil mé agus is fuath liom scrúduithe	*I am not an academic person and I hate exams*
Beidh brón orm ag fágáil na scoile seo	*I will be sad leaving the school*
Beidh áthas an domhain orm ag fágáil na scoile seo	*I will be delighted leaving this school*
Ba bhreá liom post a fháil agus an scoil a fhágáil	*I would love to get a job and leave the school*
Tuigim go bhfuil sé deacair post a fháil i láthair na huaire mar gheall ar an ngéarchéim / gcúlú eacnamaíochta	*I know that it is hard to get a job at present because of the economic crisis*
Tá mé ag tnúth go mór le dul ar aghaidh go dtí an ollscoil / coláiste tríú leibhéal	*I am looking forward to moving ahead to university / a third-level college*

Déan cur síos ar an gcara is fearr atá agat (*Describe your best friend*)

Ciara is ainm di / Seán is ainm dó	*Ciara / Seán is her / his name*
Tá sé / sí ocht mbliana / naoi mbliana déag d'aois	*He / She is 18 / 19 years of age*
Is duine sona é / í	*He / She is a happy person*
gealgháireach	*cheerful*
spórtúil	*sporty*
greannmhar	*funny*
ciúin	*quiet*
suimiúil	*interesting*
sóisialta	*sociable*
Is duine spórtúil é / í	*He / She is a sporty person*
Imríonn sé / sí ... ar fhoireann na scoile / leis an gclub áitiúil	*He / She plays on the school team / with the local club*
Tugann sé / sí cabhair agus tacaíocht dom	*He / She gives me support*
Téann an bheirt againn amach le chéile ag an deireadh seachtaine	*We go out together at the weekend*
Téimid ag damhsa agus buailimid le cairde eile sa chlub oíche	*We go dancing and we meet other friends in the night club*
Is breá leis an mbeirt againn an léitheoireacht agus téimid go dtí an leabharlann áitiúil uair sa mhí chun leabhair a fháil	*We both love reading and we go to the local library once a month to get books*
Is breá linn dul ag rothaíocht in aice na farraige nuair a bhíonn an aimsir go maith	*We love to go cycling by the sea when the weather is good*
Tá an bheirt againn ar an bhfoireann chéanna sa chlub áitiúil	*We are both on the same team in the local club*
Thosaíomar sa bhunscoil le chéile agus leanamar ar aghaidh go dtí an mheánscoil seo le chéile	*We started together in the primary school and we continued on to this secondary school together*
Bhuail mé leis / léi sa scoil seo	*I met him / her in this school*
Chuireamar aithne ar a chéile sa chlub drámaíochta	*We got to know each other in the drama club*
Níl an cara sin sa scoil seo	*That friend is not in this school*
Cónaíonn sé / sí gar do mo theach	*He / She lives near my house*
Tá mé an-bhródúil as an gcairdeas atá eadrainn	*I am very proud of the friendship between us*
Tá seans maith nach mbeimid le chéile san ollscoil mar go bhfuil cúrsaí difriúla ag teastáil uainn	*There is a good chance that we will not be in university together because we want different courses*
Ba mhaith leis an mbeirt againn áit a fháil ar an gcúrsa céanna san ollscoil	*The two of us want to get a place on the same course in university*
Má fhaigheann an bheirt againn ár ndóthain pointí tá seans ann go mbeimid le chéile an bhliain seo chugainn	*If we both get enough points there is a chance that we will be together next year*
Níl an duine seo fós ar scoil	*This person is not in school still*
Tá sé / sí san ollscoil	*He / She is at university*

Múinteoir a chuaigh i bhfeidhm go mór orm (*A teacher who influenced me*)

Is maith liom an múinteoir staire / Fraincise, mar gur duine deas cairdiúil é / í	*I like the history / French teacher because he / she is a nice person*
Tugann sé / sí cabhair do na daltaí	*He / She helps the students*
Is maith liom an modh múinteoireachta atá aige / aici	*I like the style of teaching he / she has*
Is sármhúinteoir é / í	*He / She is an excellent teacher*
Freagraíonn sé / sí ceisteanna na ndaltaí go simplí	*He / She answers the students' questions simply*
Ní thugann sé / sí an-iomarca obair bhaile dúinn	*He / She does not give us too much homework*
Níl sé / sí ródhian orainn sa rang	*He / She is not too hard on us in class*
Míníonn sé / sí an t-ábhar dúinn go maith / go soiléir	*He / She explains the subject well / clearly*
Tá meas ag na daltaí ar an múinteoir seo	*Students have respect for this teacher*
Tugann sé / sí scrúduithe dúinn ó am go ham	*He / She gives us exams from time to time*
Tá baint aige / aici le cúrsaí spóirt chomh maith	*He / She is involved in sport too*
Téann sé / sí amach ag traenáil leis na daltaí tar éis scoile	*He / She goes out training with the students after school*

An bhfuil freagracht ort sa scoil seo? (*Have you any responsibility in the school?*)

Is maor mé	*I am a prefect*
Tá mé i gceannas ar rang sa chéad / sa dara / sa tríú bliain	*I am in charge of a class in first / second / third year*
Tugaim aire dóibh ag am lóin	*I take care of them at lunch time*
Labhraíonn siad liom nuair a bhíonn fadhb acu nó nuair a bhíonn rud éigin ag cur isteach orthu	*They speak to me if they have a problem or if something is bothering them*
Déanaim iarracht labhairt leo agus an fhadhb a réiteach	*I try to talk to them and solve the problem*
Má bhíonn deacracht agam an fhadhb a réiteach faighim cabhair ón múinteoir ranga	*If I have difficulty solving the problem I get help from the class teacher*
Is cailíní / buachaillí deasa cairdiúla iad	*They are nice friendly girls / boys*
Is captaen na scoile / leaschaptaen na scoile mé	*I am the school captain / vice-captain*
Is cinnire na Gaeilge mé	*I am the Irish prefect*
Bíonn cruinniú agam leis an bpríomhoide gach seachtain	*I have a meeting with the principal each week*
Déanaimid iarracht fadhbanna a réiteach	*We try to solve problems*
Éisteann an príomhoide le tuairimí na ndaltaí	*The principal listens to the opinions of the students*

Bileog oibre

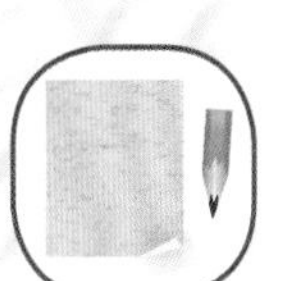

- Cad is ainm don scoil seo?

- Cá bhfuil an scoil suite?

- Déan cur síos ar an scoil seo.

- Déan cur síos ar na háiseanna atá sa scoil seo.

- Déan cur síos ar an éide scoile. An maith leat í?

- Cad iad rialacha na scoile?

- Cad a cheapann na daltaí faoi na rialacha seo? An aontaíonn siad leo?

- Cén t-ábhar scoile is fearr leat? Cén fáth?

- An bhfuil ábhar ar bith nach maith leat? Cén fáth?

- Conas a d'éirigh leat sa Teastas Sóisearach?

- An ndearna tú an idirbhliain? Cad a cheap tú fúithi?

- Ar chaith tú tréimhse ag obair i rith na bliana sin? Déan cur síos uirthi.

- An bhfuil freagracht ort sa scoil i mbliana? Déan cur síos uirthi.

- An bhfuil tú réidh do scrúdú na hArdteistiméireachta anois?

- An raibh tú sona thar na blianta sa scoil seo?

- Cén sórt atmaisféir atá sa scoil seo?

- An mbeidh brón ort nuair a bheidh tú críochnaithe sa scoil seo?

- Déan cur síos ar an gcara is fearr atá agat.

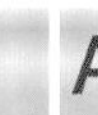

An Ghaeilge agus an Ghaeltacht

An Ghaeilge

Is / Ní maith liom Gaeilge	*I like / don't like Irish*
Is cúrsa leathan í gan dabht	*It is a broad course*
Is maith liom Gaeilge a labhairt	*I like speaking Irish*
Is maith liom aistí a scríobh	*I like writing essays*
Is maith liom litreacha a scríobh	*I like writing letters*
Is / Ní maith liom na scéalta próis	*I like / don't like the prose stories*
Uaireanta bíonn siad seanaimseartha agus leadránach	*Sometimes they are old-fashioned and boring*
Is / Ní maith liom an fhilíocht	*I like the poetry*
Is maith liom an file …	*I like the poet …*
Is maith liom an dráma *An Triail*	*I like the play* An Triail
Is ábhar suimiúil é cé gur scéal brónach atá ann	*It is an interesting subject even though it is a sad story*

An Ghaeltacht

Is maith liom Gaeilge a labhairt mar gur chaith mé tréimhsí sa Ghaeltacht	*I like speaking Irish because I spent periods in the Gaeltacht*
Chuaigh mé go dtí coláiste … i gConamara / i nDún na nGall / i gCiarraí	*I went to college in Connemara / Donegal / Kerry*
D'fhan mé le muintir na háite	*I stayed with the locals*
D'fhan mé i dteach le deichniúr eile	*I stayed in a house with ten others*
Bhí Bean an Tí an-chairdiúil agus flaithiúil	*The Bean an Tí was very friendly and generous*
D'ullmhaigh sí béilí blasta dúinn gach lá	*She prepared tasty meals for us each day*
Tháinig feabhas ar mo chuid Gaeilge	*My Irish improved*
Bhí ranganna againn gach maidin	*We had classes every morning*
Bhí cluichí ar an trá againn gach tráthnóna	*We had games on the beach every afternoon*
Ansin san oíche bhí céilí nó tráth na gceist againn	*Then at night we had a céilí or a quiz*
Mholfainn do gach duine tréimhse a chaitheamh sa Ghaeltacht	*I would advise everyone to spend time in the Gaeltacht*
Ní raibh mé riamh sa Ghaeltacht	*I was never in the Gaeltacht*
Níor theastaigh uaim dul ann	*I didn't want to go*
Anois tá áiféala orm nach ndeachaigh mé	*Now I regret not going*
Ní raibh an t-airgead agam le dul ann	*I didn't have the money to go*

Bileog oibre

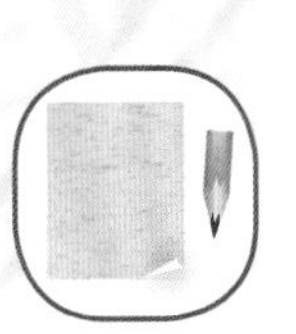

- An maith leat Gaeilge?

- An dtaitníonn cúrsa na hArdteistiméireachta leat?

- An raibh tú riamh sa Ghaeltacht nó i gColáiste Samhraidh?

- Déan cur síos ar na rudaí a rinne tú nuair a bhí tú ann.

- Ar tháinig feabhas ar do chuid Gaeilge?

Spórt agus caitheamh aimsire

Bhuel, chun an fhírinne a rá níl móran saorama agam i mbliana	*Well, to tell the truth, I do not have much free time this year*
Ní chaithim an-iomarca ama ag imirt spóirt mar go mbím faoi bhrú go minic le cúrsaí staidéir agus obair bhaile	*I do not spend too much time playing sport because I am under pressure with study and homework*
Ach anois is arís éiríonn liom am a chaitheamh ag …	*But now and then I manage to spend time …*
D'imir mé … ó bhí mé sa chéad bhliain	*I played … since I was in first year*
Imrím spórt sa scoil agus leis an gclub áitiúil	*I play sport in school and with the local club*
Is ball mé den chlub áitiúil	*I am a member of the local club*
Tá mé i mo bhall sa chlub ó bhí mé an-óg	*I am a member since I was very young*
Tá an-suim go deo agam sna cluichí Gaelacha	*I've always been interested in Gaelic games*
Is breá liom an cluiche rugbaí / sacar	*I love the game of rugby / soccer*
Tá clubtheach breá mór ag an gclub	*The club has a big fine clubhouse*
Eagraíonn an coiste imeachtaí sóisialta do na baill	*The committee organises social events for the members*
Bíonn traenáil againn dhá uair in aghaidh na seachtaine	*We train twice a week*
Bíonn cluiche againn ag an deireadh seachtaine	*We have a game at the weekend*
Níl aon rud níos fearr i mo thuairim ná spórt a imirt	*There is nothing better in my opinion than playing sport*
Déanann sé maitheas don chorp	*It is good for the body*
Agus coinníonn sé meáchan síos	*It keeps weight down*
Bíonn an intinn sláintiúil nuair a bhíonn an corp sláintiúil	*The mind is healthy when the body is healthy*
Uaireanta caithim an iomarca ama ag imirt spóirt agus cuireann sé isteach ar chúrsaí staidéir	*Sometimes I spend too much time playing sport and it interrupts study*
Is duine spórtúil mé / Ní duine spórtúil mé	*I am / am not a sporty person*
Níor thaitin an spórt liom riamh	*I never liked sport*
Is duine leisciúil mé	*I am a lazy person*
Ach tá caitheamh aimsire eile agam seachas an spórt	*However, I have another hobby besides sport*
Imrím ...	*I play ...*
cispheil	*basketball*
sacar	*soccer*
haca	*hockey*
leadóg	*tennis*
badmantan	*badminton*
iománaíocht	*hurling*

rugbaí	*rugby*
camógaíocht	*camogie*
leadóg bhoird	*table tennis*
snúcar	*snooker*
ficheall	*chess*
galf	*golf*
peil Ghaelach	*Gaelic football*
scuais	*squash*
liathróid láimhe	*handball*
eitpheil	*volleyball*
Is breá liom mo chuid ama saor a chaitheamh ...	*I love to spend my free time …*
ag imirt cártaí	*playing cards*
ag seoltóireacht	*sailing*
ag damhsa / ag rince	*dancing*
ag campáil	*camping*
ag iascaireacht	*fishing*
ag bádóireacht	*boating*
ag tonnmharcaíocht	*surfing*
ag rothaíocht	*cycling*
ag rith	*running*
ag tumadh	*diving*
ag curachóireacht	*canoeing*
ag rásaíocht capall	*horse racing*
ag treodóireacht	*orienteering*
ag éisteacht le ceol	*listening to music*
ag féachaint ar an teilifís	*looking at the television*
ag siúl	*walking*
ag léamh	*reading*
ag snámh	*swimming*
ag caint le mo chairde	*talking with my friends*
ag dul chuig ceolchoirmeacha	*going to concerts*
ag íoslódáil ceoil ón idirlíon	*downloading music from the internet*
ag dul go dtí an phictiúrlann	*going to the cinema*
ag péinteáil	*painting*
ag imirt cluichí ríomhaire	*playing computer games*
Caithim cúpla uair an chloig gach deireadh seachtaine / dhá uair in aghaidh na seachtaine ag traenail nó ag imirt cluichí	*I spend a few hours every weekend / twice a week training or playing games*
Tá foireann mhaith againn	*We have a good team*

Bhuamar corn anuraidh	*We won a cup last year*
Bhuaigh mé	*I won*
bonn óir	*gold medal*
bonn airgid	*silver medal*
bonn cré-umha	*bronze medal*
bliain amháin	*one year*
D'imríomar sa chraobh anuraidh ach chailleamar / agus bhuamar an corn	*We played in the final last year but we lost / and we won the cup*
Ach cluiche iontach a bhí ann gan dabht	*But it was a great game without doubt*
Bhí na foirne ar comhscór go dtí an nóiméad deireanach	*The teams were level until the final minute*
Ansin bhuamar / chailleamar an cluiche	*Then we won / lost*
Thángamar sa chéad áit / dara háit	*We came in first / in second place*
Níor bhuamar aon rud riamh ach fós bhaineamar an-taitneamh as na cluichí agus as an traenáil	*We didn't win anything ever but we still enjoyed the games and the training*
Imrím leis an gclub áitiúil	*I play with the local club*
Tá bainisteoir maith againn	*We have a good manager*
Bíonn an traenáil dian ach go maith	*Training is hard but good*
Tugann an bainisteoir an-tacaíocht don fhoireann	*The manager gives the team great support*
Tugann an caitheamh aimsire seo sos / faoiseamh dom ón obair bhaile agus ón staidéar	*This hobby gives me a break / relief from homework and study*
Laghdaíonn sé an strus ó am go ham	*It reduces the stress from time to time*
Déanaim dearmad ar scrúduithe ar feadh tamaill	*I forget exams for a while*
Mothaím níos sláintiúla agus aclaí dá bharr	*I feel healthier and more athletic as a result*
Is fearr liom cluichí foirne	*I prefer team games*
Taitníonn an cluiche sin go mór liom	*I like that game a lot*
Tá mé i mo bhall de chlub leadóige i mo cheantar	*I am a member of the tennis club in my area*
Tugann sé seans dom bualadh le daoine óga eile sa chlub	*It gives me a chance to meet other young people in the club*
Cabhraíonn an spórt le daoine óga scileanna sóisialta a fhoghlaim	*Sport helps young people learn social skills*
Thosaigh mé ag imirt nuair a bhí mé an-óg	*I started playing when I was very young*
Is spórt / caitheamh aimsire nua é sin dom agus bainim taitneamh as	*It is a new sport / hobby for me and I enjoy it*
Tá / Bíonn sé …	*It is …*
suimiúil, fuinniúil, dian, sláintiúil, corraitheach	*interesting, energetic, hard, healthy, exciting*
taitneamhach, dúshlánach, suaimhneach, garbh	*enjoyable, challenging, peaceful, rough*

Féach ar aidiachtaí ar l. 135; féach ar spórt ar l. 25, 40, 97.

Inis dom faoin gcluiche sin

Is cúl báire mé / lánchúlaí / lántosaí / leathchúlaí / leath-thosaí	*I am a goalkeeper / full back / full forward / half back / half forward*
Bíonn cúig dhuine dhéag ar gach foireann	*There are 15 on every team*
Is é aidhm an chluiche ná cúl a fháil / cúilín a fháil / an méid pointe is mó a fháil / an liathróid a chur thar an trasnán / an liathróid a chur sa chiseán / an liathróid a bhualadh isteach sa líonta	*The aim of the game is to get a goal / to get a point / to get as many points as possible / to put the ball over the crossbar / to put the ball into the basket / to hit the ball into the net*
Tá cead agat an liathróid a chaitheamh / a bhualadh / a láimhseáil / a chiceáil / a bhualadh le raicéad	*You can throw the ball / hit it / handle it / kick it / hit it with a racket*
Imrítear an cluiche ar pháirc imeartha / ar chúirt / i linn snámha / ar chúrsa gailf / ar raon reatha / san uisce	*The game is played on a playing field / on a court / in a swimming pool / on a golf course / on a running track / in the water*
Maireann an cluiche daichead / caoga / nóiméad	*The game lasts for 40 / 50 minutes*
Bíonn dhá leath sa chluiche	*There are two halves in the game*
Bíonn réiteoir ann	*There is a referee*
Bíonn an réiteoir i gceannas ar an gcluiche	*The referee is in charge of the game*
Uaireannta cuireann an réiteoir imreoir den chúirt / pháirc	*Sometimes the referee puts a player off the court / pitch*
Tugann an réiteoir rabhadh do na himreoirí	*The referee warns the players*
Ní chuireann sé suas le drochiompar ar an bpáirc / gcúirt	*He does not put up with bad behaviour on the pitch / court*
Uaireanta eile tugann sé cárta dearg nó buí d'imreoirí	*Sometimes he gives a red card or a yellow card to the players*
Uaireanta bíonn am breise ag deireadh an chluiche má bhíonn na foirne ar comhscór	*Sometimes there is extra time at the end of the game if the teams are level*

Trealamh spóirt (*Sports equipment*)

Bíonn trealamh éagsúil ag teastáil, mar shampla ...	*Certain equipment is needed, for example ...*
rothar / camán / bróga peile / culaith shnámha	*bike / hurley / football boots / swim suit*
clogad	*helmet*
bróga reatha / peile	*runners / football boots*
maidí gailf	*golf clubs*
puball	*tent*
raicéad	*racket*
raicéad scuaise / raicéad leadóige	*squash / tennis racket*
cleathóg snúcair	*snooker cue*
culaith pheile	*football kit*
maide haca	*hockey stick*
slat iascaigh	*fishing rod*

Cad é do thuairim faoin spórt? (*What do you think of sport?*)

I mo thuairim is rud an-tábhachtach é	*In my opinion it is very important*
Ba cheart go mbeadh ról lárnach ag an spórt i saol gach duine idir óg agus aosta	*Sport should have a central role in everyone's life, both young and old*
Cuidíonn sé le sláinte an duine	*It helps with a person's health*
Is gnó ollmhór é an spórt	*Sport is a big business*
Bíonn an-chuid airgid i gceist maidir le cúrsaí spóirt	*Sport involves a lot of money*
Is gnó mór í an urraíocht i gcúrsaí spóirt	*Sponsorship is a big business in sport*
Bíonn an-bhéim ar an airgead i gcúrsaí spóirt	*There is a lot of emphasis on money in sport*
Uaireanta bíonn an spórt gafa le cúrsaí airgid agus le cúrsaí fógraíochta	*Sometimes sport is consumed with money and advertising*
Faigheann na réaltaí spóirt an t-uafás airgid	*Sports stars get a huge amount of money*
Ach ag an am céanna bíonn brú uafásach ar phearsana spóirt	*At the same time there is huge pressure on sports personalities*
Bíonn brú uafásach ar thuismitheoirí geansaithe peile a cheannach agus bíonn cinn nua ann gach bliain	*Parents are under terrible pressure to buy football jerseys and there are new ones each year*
Tugaim tacaíocht d'fhoireann Chiarraí / do Bhaile Átha Cliath / d'fhoireann na hÉireann / Learpholl	*I support the Kerry / Dublin team / Irish team / Liverpool*
Is maith liom na Cluichí Oilimpeacha	*I like the Olympic Games*
Bíonn siad ar siúl gach ceithre bliana	*They are on every four years*
Bíonn caighdeán ard le feiceáil sna comórtais sin idir na lúthchleasaithe	*There is a high standard between the athletes*
Tá an-cháil ar na Cluichí Oilimpeacha Speisialta freisin	*The Special Olympics are also very famous*
Bíonn an-bhéim ar an rannpháirtíocht	*There is great emphasis on participation*
Is é / í … an réalta spóirt is fearr liom	*... is my favourite sports personality*
Is duine an-deas é / í	*He / She is a very nice person*
Is imreoir den scoth é / í	*He / She is an excellent player*
Léiríonn sé / sí dea-shampla i gcónaí ar an bpáirc peile / ar an ngalfchúrsa / ar an teilifís / ar an gcúirt	*He / She shows good example always on the football pitch / on the golf course / on the television / on the court*
Is imreoir lárnach é / í ar an bhfoireann sin	*He / She is a central player on that team*
Is minic a dhéanann duine óg aithris ar an laoch seo	*Young people often copy this hero*
Tá tallann agus scil iontach aige / aici	*He / She has wonderful talent / skill*
Téim go dtí Páirc an Chrócaigh / Staid Aviva nuair a bhíonn cluiche mór ar siúl	*I go to Croke Park / the Aviva Stadium when there is a big game on*
Deirtear go bhfuil an spórt millte ag na drugaí freisin	*It is said that sport is ruined by drugs*
Is minic a chloisimid go mbíonn brú uafásach ar imreoirí proifisiúnta	*We often hear that there is terrible pressure on professional players*
Uaireanta tógann cuid acu drugaí chun caighdeán níos fearr a bhaint amach	*Sometimes some of them take drugs to reach a better standard*

Féach ar dhrugaí ar l. 89; agus spórt ar l. 25, 36, 97.

Bileog oibre

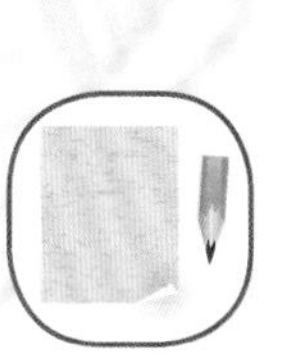

- An imríonn tú spórt?

- Conas a imrítear an cluiche sin?

- An imríonn tú spórt sa scoil?

- Cad iad na háiseanna spóirt atá sa scoil seo?

- An imríonn tú spórt le club?

- I do thuairim an bhfuil an spórt tábhachtach?

- Cad iad na fadhbanna a bhaineann leis an spórt?

LEABHAIR, TEILIFÍS, AN PHICTIÚRLANN (*Books, television, the cinema*)

Leabhair

Is maith liom an léitheoireacht	*I like reading*
Níl mórán saorama agam i mbliana	*I do not have much free time this year*
Tá an t-uafás leabhar léite agam	*I have read a huge amount of books*
Léim leabhair sa samhradh nuair a bhíonn am saor agam	*I read books in the summer when I have free time*
Is ball mé den leabharlann áitiúil	*I am a member of the local library*
Tógaim leabhair amach ar iasacht uair sa mhí	*I take books out on loan once a month*
Léigh mé an leabhar … le déanaí	*I read the book … recently*
Thaitin sé go mór liom	*I liked it a lot*
Bhí an leabhar go maith / casta / scanrúil / rómánsúil / brónach / éadrom / dea-scríofa / greannmhar	*The book was good / complicated / frightening / romantic / sad / light / well-written / funny*
Bhain an téama le gníomh gránna / le gníomh uasal / leis an mbás / le foréigean / le tírghrá / leis an saol osnádurtha / le cairdeas / leis an óige / le bochtanas / le dúnmharú / le drugaí	*The theme had to do with an ugly incident / a noble incident / with death / with violence / with patriotism / with the supernatural world / with friendship / with youth / with poverty / with murder / with drugs*
Bhí cuid de na carachtair suimiúil / cróga / macánta / gealgháireach / ceanndána / aineolach / cantalach / sona / glic / cráifeach / dainséarach / cruálach	*Some of the characters were interesting / brave / honest / cheerful / stubborn / ignorant / cranky / happy / cunning / religious / dangerous / cruel*

Teilifís

Is caitheamh aimsire breá simplí é	*It is a fine simple past time*
Is maith liom	*I like*
cláir cheoil, cláir ghrinn, cláir chainte, cláir réaltachta, cláir dhúlra, cláir bhleachtaireachta, sobalchláir	*music programmes, comedy programmes, chat shows, reality programmes, nature programmes, detective programmes, soaps*
cláir faoi chúrsaí reatha	*programmes about current affairs*
Féachaim ar an gclár … uair sa tseachtain /gach lá	*I look at the programme once a week / every day*
Bíonn sé ar siúl gach … ag a hocht a chlog	*It's on at 8 o'clock*
Féachaim ar an teilifís san oíche chun sos a fháil ón obair bhaile	*I look at television at night to get a break from homework*
Ligim mo scíth os comhair na teilifíse	*I relax in front of the television*
Is maith liom an clár mar gur maith liom an scéal a bhaineann leis	*I like the programme because I like what it is about*
Baineann an clár seo le daoine óga	*This programme has to do with young people*
le seandaoine	*with old people*
leis an tír seo	*with this country*
leis an óige	*with youth*
le hospidéal	*with a hospital*
leis an saol i Meiriceá	*with life in America*
Tá an clár seo suite i …	*The programme is situated in ...*
Is clár réaltachta é	*It is a reality programme*
Is clár suimiúil é	*It is an interesting programme*
Tá na haisteoirí ar fheabhas	*The actors are excellent*
Is clár conspóideach é	*It is a controversial programme*
Bíonn áibhéil ag baint leis an gcuid is mó de na scéalta	*Most of the stories are exaggerated*
Bíonn an greann le feiceáil ann	*There is humour in this programme*
Cuireann sé mé ag gáire	*It makes me laugh*
Is maith liom na carachtair sa chlár seo, go háirithe …	*I like the characters in this programme, especially ...*
Bíonn na cláir seo ar fáil ar DVD freisin	*These programmes are available on DVD too*
Ceapann mo thuismitheoirí go gcaithim an iomarca ama ag féachaint ar an teilifís	*My parents think that I spend too much time watching the television*
Faighim eolas faoi chúrsaí reatha ó na cláir nuachta	*I get information about current affairs from the news programmes*
Ní maith / Is maith liom na sraithchláir ar nós *Eastenders* agus *Ros na Rún*	*I don't like / I like soaps such as* Eastenders *and* Ros na Rún

An phictiúrlann (*The cinema*)

Téim go dtí an phictiúrlann ó am go ham	*I go to the cinema from time to time*
Téim ann le mo chairde uair sa mhí	*I go with my friends once a month*
Ní théim ann rómhinic mar nach mbíonn an t-airgead agam	*I don't go there too often because I don't have the money*
Anois is arís tugann mo thuismitheoirí airgead dom agus téim go dtí an phictiúrlann	*Now and again my parents give me money and I go to the cinema*
Is maith / ní maith liom	*I like / don't like*
scannáin rómánsacha	*romantic films*
scannáin chogaidh	*war films*
scannáin ghrinn	*comedy films*
scannáin uafáis	*horror films*
scannáin ghníomhaíochta / aicsin	*action films*
scannáin fhoréigneacha	*violent films*
scannáin réadúla	*realistic films*
Chuaigh mé go dtí an phictiúrlann le déanaí le mo chara	*I went to the cinema recently with my friend*
D'íoc mé as na ticéid ag an deasc	*I paid for the tickets at the desk*
Chonaiceamar an scannán …	*We saw the film …*
Thaitin sé go mór liom	*I really enjoyed it*
Mhair an scannán	*The film lasted for*
uair go leith	*an hour and a half*
dhá uair an chloig	*two hours*
Bhí téama suimiúil ag baint leis an scannán	*The film had an interesting theme*

Bileog oibre

- An bhfuil caitheamh aimsire ar bith agat seachas an spórt? Inis dom faoi.

- Cén clár teilifíse is fearr leat?

- An dtéann tú go dtí an phictiúrlann go minic?

- An bhfuil suim agat sa léitheoireacht?

- Ar léigh tú leabhar le déanaí? Inis dom faoi.

Teicneolaíocht an Eolais agus na Cumarsáide (*Information and communication technology*)

ríomhairí	*computers*
fón póca	*mobile phone*
Úsáidim an ríomhaire beagnach gach lá	*I use a computer almost every day*
Is modh cumarsáide é	*It is a method of communication*
Is breá liom Facebook freisin	*I love Facebook too*
Bím i dteagmháil le mo chairde ar an idirlíon gach lá ar Facebook	*I am in contact with my friends on the internet every day on Facebook*
Is láithreán sóisialta é inar féidir grianghraif a uaslódáil agus sonraí pearsanta a chur ar an láithreán	*It is a social site where one can upload photographs and personal details*
Is cuid lárnach é de shaol sóisialta an déagóra	*It is a central part of the social life of a teenager*
Seolaim ríomhphost ó am go ham mar go bhfuil mo sheoladh féin agam	*I send an e-mail from time to time as I have my own address*
Faighim eolas ón idirlíon freisin nuair a bhíonn tionscnamh le déanamh agam ar scoil	*I get information from the internet as well when I have a project in school*
Imrím cluichí ríomhaire nuair a bhíonn am saor agam	*I play computer games when I have free time*
Tá consól cluichí agam sa bhaile	*I have a games console at home*
Ní liomsa é, is le mo dhearthái óg é	*It is not mine, it belongs to my young brother*
Uaireanta caitheann daoine óga an iomarca ama ag imirt cluichí ar na ríomhairí	*Sometimes young people spend too much time playing games on the computers*
Deirtear go mbíonn cuid de na cluichí seo foréigneach agus mí-oiriúnach	*It is said that some of these games are violent and unsuitable*
Is áis oideachasúil é an t-idirlíon	*The internet is an educational facility*
Deirtear gur cur amú ama é	*It is said that it is a waste of time*
Ní aontaím leis sin	*I do not agree with this*
Ceannaíonn mo thuismitheoirí éadaí ar an idirlíon go minic	*My parents often buy clothes on the internet*
Ceannaíonn siad eitiltí ar an idirlíon don teaghlach nuair a bhíonn an teaghlach ag dul ar saoire	*They buy flights for the family when the family are going on holiday*
Chomh maith leis sin tá fón póca agam agus is ceann maith é	*As well as this I have a mobile phone and it is a good one*
Fuair mé é ó mo thuismitheoirí do mo bhreithlá	*I got it from my parents for my birthday*
Bíonn orm creidmheas a cheannach gach dara seachtain	*I have to buy credit for it every two weeks*
Cosnaíonn sé thart ar thríocha euro in aghaidh na míosa	*It costs about thirty euro a month*
Is féidir liom téacs a sheoladh ar an bhfón seo	*I can send a text from this phone*
Tá mé ábalta cluichí a íoslódáil ar an bhfón seo freisin	*I can download games on this phone too*

Bileog oibre

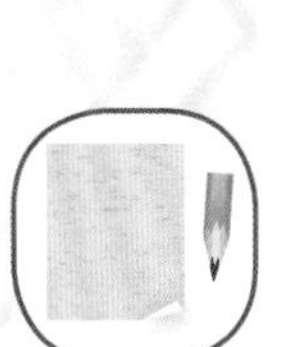

- An bhfuil ríomhaire agat sa bhaile?

- An bhfuil suim agat i Facebook?

- An úsáideann tú ríomhaire chun obair scoile a dhéanamh?

- An gceannaíonn aon duine sa chlann rudaí ar an idirlíon?

- An bhfuil fón póca agat?

Ceol agus ceolchoirm

An ceol

Is aoibhinn liom an ceol	*I love music*
Is maith liom gach saghas ceoil, mar shampla,	*I like every type of music, for example*
ceol traidisiúnta	*traditional music*
snagcheol	*jazz*
popcheol	*pop music*
roc-cheol	*rock music*
ceol clasaiceach	*classical music*
ceol tíre	*country music*
miotal trom	*heavy metal*
Caithim mo chuid saorama ag éisteacht le ceol mar i mo thuairim is rud taitneamhach é	*I spend my free time listening to music because in my opinion it is enjoyable*
Is minic a éistim le ceol ar an raidió	*I often listen to music on the radio*
Is breá liom na cairteacha	*I love the charts*
Tá iPod agam agus íoslódálaim ceol ón idirlíon	*I have an iPod and I download music from the internet*
Tugann mo mháthair a cárta creidmheasa dom chun amhráin a cheannach ar an idirlíon	*My mother gives me her credit card to buy songs from the internet*
Níl cead agam é a dhéanamh go mídhleathach	*I am not allowed to do it illegally*

An t-amhránaí / grúpa ceoil is fearr liom

Is fearr liom an t-amhránaí …	*I prefer the singer …*
Is amhránaí den scoth é / í	*He / She is an excellent singer*
Tá guth iontach aige / aici	*He / She has an excellent voice*
Tá clú agus cáil ar an amhránaí seo	*This singer is famous*
Is fearr liom an grúpa ceoil … ná aon ghrúpa eile	*I prefer the music group … than any other group*
Tá triúr / ceathrar / cúigear / seisear sa ghrúpa seo	*There are 3 / 4 / 5 / 6 in this group*
Is grúpa Éireannach / Meiriceánach / Sasanach é	*It is an Irish / American / English group*

Ceolchoirm

Chuaigh mé go dtí ceolchoirm a bhí ag an ngrúpa seo	*I went to their concert*
Bhí an cheolchoirm ar siúl sa …	*The concert was on in …*
Staid 02	*The 02 arena*
i Staid Aviva	*in the Aviva Stadium*
i bPáirc an Chrócaigh	*in Croke Park*
san RDS	*in the RDS*
i mBaile Shláine	*in Slane*
Cheannaigh mé na ticéid ar an idirlíon	*I bought the tickets on the internet*
Bhí siad an-chostasach ach b'fhiú iad	*They were very expensive but they were worth it*
Níorbh fhiú an t-airgead a chaith mé ar na ticéid	*The money I spent on the tickets was not worth it*
Bhí atmaisféar iontach ann	*There was a wonderful atmosphere there*
Bhí an áit dubh le daoine	*The place was packed with people*
Bhí daoine ag bualadh bos agus ag damhsa	*People were applauding and dancing*
Bhí focail na n-amhrán ar eolas agam agus bhí mé ag canadh	*I knew the words of the songs and I was singing*
Cheannaigh mé sólaistí ag an sos	*I bought refreshments at the break*
Ag an deireadh chan an grúpa an t-amhrán náisiúnta	*At the end the group sang the national anthem*
Fuair mé síob abhaile ó mo thuismitheoirí	*I got a lift home from my parents*
Bhí an áit an-ghalánta agus bhí suíocháin chompordacha againn	*The place was very nice and we had comfortable seats*
Thug mé cuairt ar an amharclann tamall ó shin	*I visited the theatre a while ago*
Bhí an dráma agus na haisteoirí ar fheabhas	*The play and the actors were brilliant*
Bhí caighdeán ard aisteoireachta ann	*There was a high standard of acting in it*
Bhain mé an-taitneamh as an oíche sin	*I really enjoyed that night*

Seinnim ...

Seinnim uirlis ceoil	*I play a musical instrument*
Seinnim an giotár	*I play the guitar*
an veidhlín, an chláirseach, an bodhrán, an piano	*the violin, the harp, the bodhrán, the piano*
an fhliúit, an fheadóg stáin, an méarchlár	*the flute, the tin whistle, the keyboard*
bainseo, drumaí	*banjo, drums*
Is breá liom ceol a sheinm	*I like to play music*
Rinne mé grád a cúig an bhliain seo caite	*I did grade 5 last year*
Bhí orm scrúdú a dhéanamh	*I had to do an exam*
Déanfaidh mé grád a sé an bhliain seo chugainn	*I will do grade 6 next year*
Bím ag cleachtadh gach lá / dhá uair in aghaidh na seachtaine	*I practise every day / twice a week*
Níl mórán ama agam i mbliana mar go bhfuil mé ag obair go dian do na scrúduithe ach is breá liom ceol a sheinm nuair a bhíonn an t-am agam	*I do not have much time this year because I am working hard for the exams but I love to play music when I have the time*
Is ball mé de Chomhaltas Ceoltóirí Éireann	*I am a member of Comhaltas Ceoltóirí Éireann*
Seinnim le brainse áitiúil / le ceolfhoireann	*I play with a local branch / with an orchestra*
Tá mé sa ghrúpa faoi ocht déag	*I am in the under 18s group*
Glacaimid páirt i gcomórtais ó am go ham	*We take part in competitions occasionally*
Tagaimid le chéile chun cleachtadh a dhéanamh ag an deireadh seachtaine	*We come together to practise every weekend*
Sheinn mé uirlis ceoil nuair a bhí mé ní b'óige	*I played a musical instrument when I was younger*
Thaitin sé go mór liom ar feadh tamaill	*I liked it for a while*
Ansin d'éirigh mé bréan de	*Then I got fed up with it*
Ní raibh mé sásta an cleachtadh a dhéanamh	*I wasn't willing to do the practice*
D'éirigh mé as ansin	*Then I gave it up*
Tá áiféala orm gur éirigh mé as	*I regret that I gave it up*
B'fhéidir go dtosóidh mé arís an bhliain seo chugainn nuair a bheidh níos mó ama agam	*Maybe I will start again next year when I have more time*

Bileog oibre

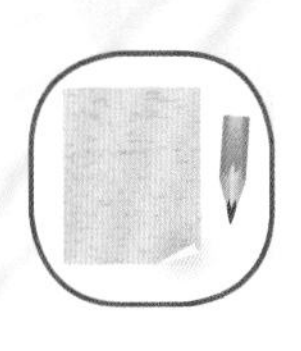

- An bhfuil suim agat sa cheol?

- Cén grúpa ceoil a thaitníonn leat?

- An raibh tú riamh ag ceolchoirm?

- An seinneann tú uirlis cheoil?

AN tAM

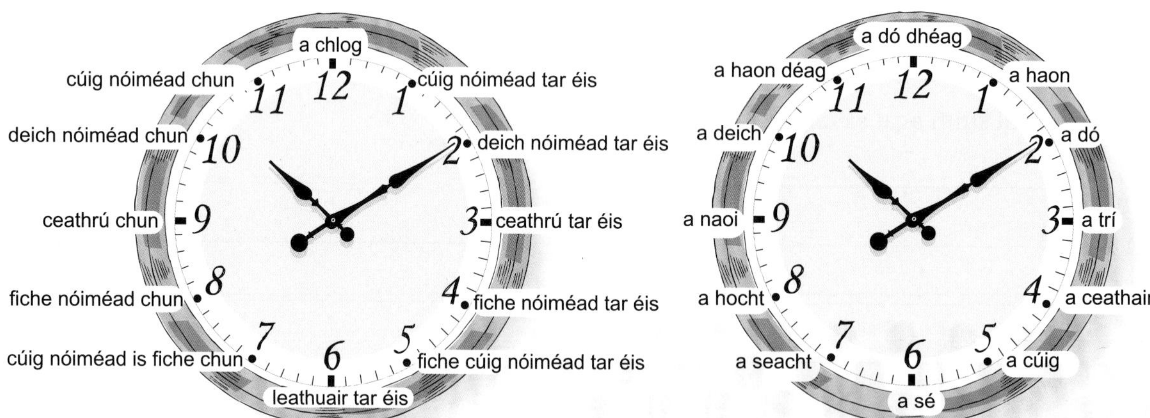

Bileog oibre

- Cén t-am a éiríonn tú gach maidin?

____

- Cén t-am a fhágann tú an teach?

____

- Cén t-am a shroicheann tú an scoil?

____

- Cén t-am a thosaíonn na ranganna?

____

- Cén t-am a bhíonn am sosa / lóin agaibh?

____

- Cén t-am a fhágann tú an scoil?

____

- Cén t-am a itheann tú an dinnéar?

____

- Cén t-am a chríochnaíonn tú do chuid obair bhaile?

____

DÁTAÍ, MÍONNA, LAETHANTA NA SEACHTAINE (*Dates, months, days of the week*)

Dátaí

1ú an chéad lá	12ú an dara lá déag	23ú an tríú lá is fiche
2ú an dara lá	13ú an tríú lá déag	24ú an ceathrú lá is fiche
3ú an tríú lá	14ú an ceathrú lá déag	25ú an cúigiú lá is fiche
4ú an ceathrú lá	15ú an cúigiú lá déag	26ú an séú lá is fiche
5ú an cúigiú lá	16ú an séú lá déag	27ú an seachtú lá is fiche
6ú an séú lá	17ú an seachtú lá déag	28ú an t-ochtú lá is fiche
7ú an seachtú lá	18ú an t-ochtú lá déag	29ú an naoú lá is fiche
8ú an t-ochtú lá	19ú an naoú lá déag	30ú an tríochadú lá
9ú an naoú lá	20ú an fichiú lá	31ú an t-aonú lá is tríocha
10ú an deichiú lá	21ú an t-aonú lá is fiche	
11ú an t-aonú lá déag	22ú an dara lá is fiche	

Míonna

Eanáir	*January*	mí Eanáir	*the month of January*
Feabhra	*February*	mí Feabhra	*the month of February*
Márta	*March*	mí an Mhárta	*the month of March*
Aibreán	*April*	mí Aibreáin	*the month of April*
Bealtaine	*May*	mí na Bealtaine	*the month of May*
Meitheamh	*June*	mí an Mheithimh	*the month of June*
Iúil	*July*	mí Iúil	*the month of July*
Lúnasa	*August*	mí Lúnasa	*the month of August*
Meán Fómhair	*September*	mí Mheán Fómhair	*the month of September*
Deireadh Fómhair	*October*	mí Dheireadh Fómhair	*the month of October*
Samhain	*November*	mí na Samhna	*the month of November*
Nollaig	*December*	mí na Nollag	*the month of December*

Laethanta na seachtaine

An Luan	Dé Luain	ar an Luan
An Mháirt	Dé Máirt	ar an Máirt
An Chéadaoin	Dé Céadaoin	ar an gCéadaoin
An Déardaoin	Déardaoin	ar an Déardaoin
An Aoine	Dé hAoine	ar an Aoine
An Satharn	Dé Sathairn	ar an Satharn
An Domhnach	Dé Domhnaigh	ar an Domhnach

Na séasúir

An t-earrach, séasúr an earraigh, san earrach	*Spring, the season of spring, in spring*
An samhradh, séasúr an tsamhraidh, sa samhradh	*Summer, the season of summer, in summer*
An fómhar, séasúr an fhómhair, san fhómhar	*Autumn, the season of autumn, in autumn*
An geimhreadh, séasúr an gheimhridh, sa gheimhreadh	*Winter, the season of winter, in winter*
Bíonn mo bhreithlá ann an mhí sin	*My birthday is in that month*
Ceiliúrann muintir an domhain an Nollaig an mhí sin	*The people of the world celebrate Christmas in that month*
Bíonn an samhradh ann an mhí sin	*That month is in summer*
Is maith liom an sneachta agus de ghnáth tagann an sneachta an mhí sin	*I like the snow and usually the snow comes in that month*
Ní bhíonn aon scoil ann an mhí sin	*There is no school in that month*
Is maith liom Oíche Shamhna nuair a théann páistí óga ó theach go teach ag lorg torthaí agus milseán	*I like Halloween when the children go from house to house looking for fruit and sweets*
Is maith liom saoire na Cásca mar go mbíonn an aimsir ag feabhsú agus ní fada go mbíonn an samhradh linn	*I like the Easter holidays because the weather is improving and it isn't long until summer is with us*

Bileog oibre

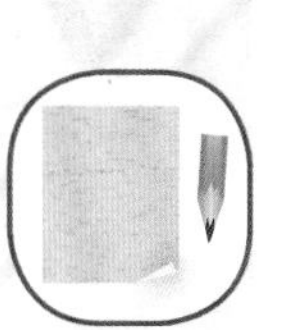

- Cén dáta breithe atá agat?

- Cén dáta é inniu?

- Cén dáta a bhí ann inné?

- Cén dáta a bheidh ann amárach?

- Cén dáta a thosóidh scrúduithe na hArdteistiméireachta?

- Cén mhí den bhliain is fearr leat? Cén fáth?

- Cén lá sa tseachtain is fearr leat? Cén fáth?

- Cén lá nach maith leat sa tseachtain? Cén fáth?

- Cén séasúr den bhliain is fearr leat? Cén fáth?

- Cén séasúr den bhliain nach maith leat? Cén fáth?

Laethanta saoire agus taisteal (*Holidays and travel*)

An bhliain seo caite (*Last year*)

Chuaigh mé ar saoire le mo chlann anuraidh / an bhliain seo caite / dhá bhliain ó shin	*I went on holidays with my family last year / two years ago*
Chaitheamar coicís i ...	*We spent two weeks in ...*
D'eitlíomar go dtí an tír sin	*We flew to that country*
D'fhanamar in óstán / in árasán / in ionad campála / i dteach	*We stayed in a hotel / in an apartment / in a camping site / in a house*
Bhí an áit go hálainn	*The place was beautiful*
Bhí an teach suite in áit álainn / iargúlta / ghnóthach / thurasóireachta / chiúin	*The house was situated in a beautiful / remote / busy / touristy / quiet place*
Bhí sé suite cois farraige / faoin tuath / sna sléibhte / i lár na cathrach	*It was situated / by the sea / in the country / in the mountains / in the city centre*
Bhí muintir na háite cairdiúil / fáilteach / suimiúil / cabhrach	*The local people were friendly / welcoming / interesting / helpful*
Bhí an costas maireachtála an-ard / an-íseal / níos saoire ná in Éirinn	*The cost of living was very high / very low / cheaper than in Ireland*
Bhí na háiseanna go hiontach	*The facilities were wonderful*
linn snámha / cúirteanna leadóige / cúirteanna cispheile / amharclann / pictiúrlann / bialanna / trá / áiseanna bádóireachta / áiseanna seoltóireachta / lárionaid siopadóireachta / ionaid siamsaíochta / clubanna oíche	*swimming pool / tennis courts / basketball courts / theatre / cinema / restaurants / beach / boating facilities / sailing facilities / shopping centres / entertainment venues / night clubs*
Chaitheamar ár gcuid ama ag rothaíocht / ag luí faoin ngrian / ag siopadóireacht / ag snámh / ag siúl / ag ligean ár scíthe / ag rince	*We spent our time cycling / sunbathing / shopping / walking / relaxing / dancing*

Féach tíortha ar l. 133.

Gach bliain (*Every year*)

De ghnáth téann an teaghlach ar saoire in Éirinn	*Usually the family holidays in Ireland*
Fanaimid in árasán faoin tuath	*We stay in an apartment in the country*
Tógaimid teach ar cíos cois farraige	*We rent a house by the sea*
Fanaimid in óstán beag i measc na sléibhte	*We stay in a small hotel in the mountains*
Tá teach saoire ag mo thuismitheoirí i …	*My parents have a holiday house in …*
Tá gaolta agam faoin tuath / sa chathair	*I have relations in the country / in the city*
Cónaíonn mo sheantuismitheorí ansin	*My grandparents live there*
Tá feirm acu	*They have a farm*
Tugaim cabhair dóibh ar an bhfeirm	*I help them on the farm*
Bíonn orm na ba a chrú	*I have to milk the cows*
Ullmhaím na béilí do na hoibrithe ar an bhfeirm	*I prepare the meals for the workers on the farm*
Caithimid mí iomlán ansin	*We spend a full month there*
Braitheann gach rud ar an aimsir	*Everything depends on the weather*
Nuair a bhíonn an aimsir go maith caithimid na laethanta amuigh faoin aer	*When the weather is good we spend the days out in the (fresh) air*
Nuair a thagann an bháisteach fanaimid istigh / ag imirt cártaí / ag féachaint ar scannáin	*When the rain comes we stay inside / playing cards / looking at films*
Tugann sé seans don chlann uilig ár scíth a ligean	*It gives all the family a chance to relax*
Is maith liom áilleacht / suaimhneas na tuaithe	*I like the beauty / the peace of the countryside*
Ní bhíonn an trácht chomh dona faoin tuath is a bhíonn sé i lár na cathrach	*Traffic is not as bad in the country as it is in the city*
Bíonn an saol níos moille nuair a bhímid ar saoire	*Life is slower when we are on holidays*
Ní maith liom an aimsir sa tír seo	*I don't like the weather in this country*
Cuireann an bháisteach isteach orm agus mar sin is fearr liom dul thar lear ar saoire	*The rain bothers me and therefore I prefer to go abroad on a holiday*
Is breá liom tréimhse a chaitheamh sa chathair	*I love to spend a period of time in the city*
Is minic a théim ann le mo chlann	*I often go there with my family*
Chuaigh mé go dtí ceolchoirm i bPáirc an Chrócaigh	*I went to a concert in Croke Park*
Caithimid deireadh seachtaine anois is arís sa chathair	*Now and then we spend a weekend in the city*
Is breá linn dul ag siopadóireacht	*We love to go shopping*
Anois is arís téimid chun dráma a fheiceáil in amharclann	*Now and again we go to see a play in a theatre*

An samhradh seo chugainn (*Next summer*)

Rachaidh mé ar saoire le mo chlann / mo chairde	*I will go on a holiday with my family / friends*
Críochnóidh mé scrúduithe na hArdteistiméireachta ar dtús	*I will finish the Leaving Cert first*
Glacfaidh mé sos ar feadh tamaill	*I will take a rest for a while*
B'fhéidir go bhfaighidh mé post samhraidh	*Maybe I will get a summer job*
Ansin nuair a bheidh airgead agam rachaidh mé ar saoire go dtí …	*Then when I have money I will go on a holiday to …*
Fanfaidh mé in árasán cois trá	*I will stay in an apartment by the beach*
Caithfimid an lá ar an trá ag sú na gréine	*We will spend the day on the beach sunbathing*
Rachaidh mé amach ag damhsa gach oíche le mo chairde	*I will go out dancing every night with my friends*
Codlóidh mé go déanach gach lá	*I will sleep late every day*
Íosfaidh mé béile deas i mbialann dhifriúil gach oíche	*I will eat a nice meal in a different restaurant every night*
Ceannóidh mé bronntanas do mo thuismitheoirí / mo sheanmháthair	*I will buy a present for my parents / my grandmother*
Tá mé ag tnúth go mór leis an tsaoire sin	*I am really looking forward to that holiday*
Beidh airgead ag teastáil uaim	*I will need money*
D'íoc mé as an tsaoire	*I paid for the holiday*
Fuair mé airgead don Nollaig	*I got money for Christmas*
Tá airgead agam in oifig an phoist	*I have money in the post office*
Tabharfaidh mo thuismitheoirí cuid den airgead dom	*My parents will give me some of the money*
Gheobhaidh mé post agus tuillfidh mé airgead don tsaoire	*I will get a job and earn money for the holiday*

Féach tíortha ar l. 133.

Taisteal (*Travel*)

Ba mhaith liom dul go dtí an Fhrainc / an Spáinn	*I would like to go to France / Spain*
Ní raibh mé riamh ansin	*I was never there*
Tá go leor cloiste agam faoin tír sin	*I have heard a lot about that country*
Tá súil agam go rachaidh mé ann sa todhchaí	*I hope that I will go there in the future*
Ba mhaith liom turas timpeall an domhain a dhéanamh nuair a bheidh an chéim bainte amach agam	*I would like to do a round the world trip when I have my degree*

Bileog oibre

- Cá raibh tú ar do laethanta saoire an bhliain seo caite?
- Cár fhan tú?
- Cé a bhí in éineacht leat?
- Conas a bhí an aimsir fad is a bhí tú ann?
- Conas a chaith tú do chuid ama?
- Cad a cheap tú faoin áit sin?
- Cá dtéann tú ar saoire de ghnáth gach bliain?
- An maith leat an áit sin? Cén fáth?
- Ar chaith tú tréimhse riamh ar saoire faoin tuath / sa chathair?
- Cá mbeidh tú ag dul ar saoire tar éis scrúdú na hArdteistiméireachta?
- An bhfuil tír ar bith ar mhaith leat dul ann?

Bia

Is maith liom gach saghas bia	*I like every type of food*
Is maith liom glasraí / feoil agus prátaí	*I like vegetables / meat and potatoes*
Ithim bricfeasta maith gach maidin	*I eat a good breakfast every morning*
Ithim tósta / ubh / leite / calóga arbhair / arán donn	*I eat toast / egg / porridge / cornflakes / brown bread*
Ólaim cupán tae / caife / sú oráiste / gloine uisce	*I drink a cup of tea / coffee / orange juice / glass of water*
Ag am lóin ithim ceapaire blasta agus úll nó oráiste	*At lunch time I eat a tasty sandwich and an apple or an orange*
Anois is arís ceannaím babhla anraith sa bhialann nuair a bhíonn an aimsir fuar	*Now and again I buy a bowl of soup in the canteen when the weather is cold*
Is maith liom seacláid chomh maith	*I like chocolate also*
Ansin itheann an teaghlach dinnéar le chéile	*Then the family eat dinner together*
Ithimid prátaí / glasraí / feoil	*We eat potatoes / vegetables / meat*
Ullmhaíonn mo mháthair / m'athair / mo dheartháir / mo dheirfiúr an béile de ghnáth	*My mother / father / brother / sister usually prepares the meal*
Déanaim féin an glantachán de ghnáth	*I usually do the cleaning*
Ach anois táim go mór faoi bhrú maidir le cúrsaí ama agus staidéar	*But now I am greatly under pressure with regard to time and study*
Mar sin ní dhéanaim an glantachán i láthair na huaire ach déanfaidh mé é arís tar éis scrúdú na hArdteistiméireachta	*Therefore I do not do the cleaning at the present time but I will do it again after the Leaving Certificate*
Glasraí: cairéid / cabáiste / oinniúin	*Vegetables: carrots / cabbage / onions*
Feoil: mairteoil / muiceoil / sicín / uaineoil / bagún	*Meat: beef / pork / chicken / lamb / bacon*
Prátaí: prátaí rósta / prátaí brúite / sceallóga	*Potatoes: roast potatoes / mashed potatoes / chips*
Torthaí úra: úll / oráiste / banana	*Fresh fruit: apple / orange / banana*

Conas a rinne tú / a dhéanann tú / a dhéanfaidh tú / a dhéanfá cupán tae?

- Bhuel i dtús báire chuir mé / cuirim / cuirfidh / chuirfinn uisce sa chiteal.
- Ansin chuir mé / cuirim mé / cuirfidh mé / chuirfinn mála tae i gcupán.
- Ansin nuair a bhí sé / bhíonn sé / bheidh sé / bheadh sé beirithe ... scaoil mé / scaoilim / scaoilfidh mé / scaoilfinn an t-uisce isteach sa chupán.
- D'fhág mé / fágaim / fágfaidh mé / d'fhágfainn an mála tae sa chupán ar feadh cúpla nóiméad.
- Thóg mé / tógaim / tógfaidh mé / thógfainn an mála tae as an gcupán ansin.
- Chuir mé / cuirim / cuirfidh mé / chuirfinn bainne isteach sa chupán.
- Níor thóg mé / ní thógaim / ní thógfaidh mé / ní thógfainn siúcra.
- D'ith mé / ithim / íosfaidh mé / d'íosfainn briosca leis an gcupán tae.

Obair Tí (*Housework*)

Cabhraím le hobair tí	*I help with housework*
Oibríonn mo thuismitheoirí agus mar sin bíonn ar gach duine a chion féin a dhéanamh	*My parents work so everyone has to do their bit*
Ní oibríonn mo mháthair lasmuigh den teach agus mar sin déanann sí an chuid is mó den obair	*My mother doesn't work outside the house and therefore she does most of the housework*
Caithfidh mé a admháil nach ndéanaim mórán sa teach i mbliana	*I have to admit that I do not do much in the house this year*
Ní hé go bhfuil mé leisciúil ach tá mé an-ghnóthach le cúrsaí staidéir agus obair bhaile	*It is not that I am lazy but I am busy with study and homework*
Bím traochta agus róthuirseach ag deireadh an lae chun cabhrú le hobair tí	*I am exhausted and too tired at the end of the day to help with housework*
Anois is arís ullmhaím an bricfeasta / an dinnéar / na béilí	*Now and again I prepare breakfast / dinner / meals*
Ach de ghnáth glanaim mo sheomra leapa féin	*But usually I clean my own room*
Scuabaim an gairdín nuair a thiteann na duilleoga i ngach áit	*I sweep the garden when the leaves fall everywhere*
Téim le mo thusimitheoirí go dtí an t-ollmhargadh ag an deireadh seachtaine	*I go to the supermarket with my parents at the weekend*
Anois is arís déanaim an iarnáil	*Now and again I do the ironing*
Bíonn orm na héadaí a chrochadh ar an líne sa ghairdín gach maidin	*I have to hang the clothes on the line in the garden every morning*

Bileog oibre

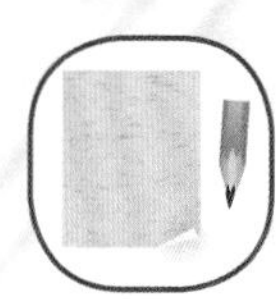

- Cén sórt bia a thaitníonn leat?
- Cad a d'ith tú do do bhricfeasta ar maidin?
- Cad a itheann tú ar scoil ag am lóin?
- Cad a íosfaidh tú inniu don dinnéar?
- Conas a dhéanann tú cupán tae?
- Conas a dhéanfá cupán tae?
- An ndéanann tú aon obair sa teach?

Sláinte

Tinneas

Buíochas le Dia is duine sláintiúil mé	*Thanks be to God I am a healthy person*
Ní duine sláintiúil mé faraor	*I am not a healthy person unfortunately*
Bím / Ní bhím tinn rómhinic	*I am / am not often sick*
Bhí mé tinn an Nollaig seo caite	*I was ill last Christmas*
Bhí an fliú orm	*I had the flu*
Bhí mé an-tinn	*I was very sick*
D'fhan mé sa leaba mar go raibh teocht ard orm	*I stayed in bed because I had a high temperature*
Ní raibh mé ar fónamh	*I wasn't well*
Mhothaigh mé tinn	*I felt sick*
Bhí mé ag casacht agus ag sraothartach	*I was coughing and sneezing*
Thosaigh mé ag cur amach / ag aiseag	*I started vomiting*
Bhí mé an-lag	*I was very weak*
Chuir mo mháthair / m'athair / mo dheirfiúr fios ar an dochtúir	*My mother / father / sister sent for the doctor*
Tháinig sé tar éis tamaill agus scrúdaigh sé mé	*He came after a while and he examined me*
Dúirt sé go raibh fiabhras orm agus dúirt sé liom fanacht sa leaba	*He said that I had a fever and told me to stay in bed*
Thug sé oideas do mo mháthair / m'athair / mo dheirfiúr agus chuaigh sé / sí go dtí an siopa poitigéara	*He gave a prescription to my mother / father / sister and he / she went to the chemist*
Thug an freastalaí leigheas agus piollaí dó / di	*The attendant gave him / her medicine and pills*
Bhí orm na piollaí a ghlacadh dhá uair in aghaidh an lae	*I had to take the pills twice a day*
Roimh i bhfad tháinig feabhas orm agus bhí mé in ann éirí ón leaba	*Before long I improved and I was able to get up out of bed*
Níor chaill mé lá scoile mar go raibh mé ar saoire na Nollag ón scoil	*I didn't lose a day of school because I was on Christmas holidays from school*
Chaill mé lá scoile agus bhí orm dul siar ar obair an lae sin	*I lost a day of school and I had to go over that day's work*

Cuairt ar an ospidéal (*A visit to the hospital*)

Is cuimhin liom go maith nuair a bhí mé óg bhris mé mo lámh	*I remember well when I was young I broke my hand*
ag imirt peile sa pháirc / ar an mbóthar / i gclós na scoile / sa chúlghairdín	*playing football / in the park / on the road / in the school yard / in the back garden*
Bhuail an liathróid mé agus bhí a fhios agam ar an láthair go raibh sí briste	*The ball hit me and I knew on the spot that it was broken*
Thug mo mháthair mé go dtí an t-ospidéal	*My mother took me to the hospital*
Scrúdaigh na dochtúirí an lámh agus bhí a fhios acu go raibh sí briste	*The doctors examined the hand and they knew that it was broken*
Bhí an phian dochreidte	*The pain was unbelievable*
Thug altra instealladh dom don phian	*A nurse gave me an injection for the pain*
Ansin chuir siad bindealán ar mo lámh	*Then they put a bandage on my hand*
Bhí orm dul ar ais an lá ina dhiaidh sin chun bindealán buan a chur ar mo lámh	*I had to go back the following day to put a permanent bandage on my hand*
Thóg sé cúpla seachtain gur tháinig biseach uirthi	*It took a few weeks for it to heal*
Ní raibh mé ábalta dul ag snámh leis an mbindealán	*I was not able to go swimming with the bandage*
Ní raibh mé in ann a lán rudaí a dhéanamh, mar shampla, bhí sé deacair éadaí a chur orm agus ní raibh mé in ann scríobh	*I was not able to do a lot of things, for example, it was difficult to put clothes on myself and I was not able to write*
Thug siad piollaí dom don phian	*They gave me pills for the pain*
Bhí orm dul go dtí an t-ospidéal nuair a bhí mé óg	*I had to go to the hospital when I was young*
Bhí pian uafásach i mo bholg	*I had a terrible pain in my stomach*
Bhí mé ag aiseag agus bhí teocht ard orm	*I was vomiting and I had a high temperature*
Thug mé cuairt ar an dochtúir ach mhol sé dom dul go dtí an t-ospidéal	*I visited the doctor but he advised me to go to the hospital*
Bhí orthu m'aipindic a bhaint amach	*They had to take out my appendix*
Chuaigh mé faoi scian an tráthnóna sin	*I had an operation that afternoon*
Tar éis na hobráide bhí mé an-tinn	*After the operation I was very ill*
D'fhan mé san ospidéal ar feadh cúpla lá	*I stayed in the hospital for a few days*
Tháinig biseach orm ansin	*I got better then*

Fiaclóir (*Dentist*)

Is cuimhin liom go maith oíche amháin a dhúisigh mé i lár na hoíche	*I remember well one night when I woke up in the middle of the night*
Bhí pian uafásach i mo bhéal	*There was a terrible pain in my mouth*
Bhí orm coinne a dhéanamh leis an bhfiaclóir an mhaidin dár gcionn	*I had to make an appointment with the dentist the following morning*
Scrúdaigh sé mo chuid fiacla	*He examined my teeth*
Dúirt sé liom go raibh fiacail amháin lofa	*He told me that I had a bad tooth*
Bhí air í a bhaint amach	*He had to take it out*
Thug sé instealladh dom	*He gave me an injection*
Níor mhothaigh mé aon rud ina dhiaidh sin	*I didn't feel anything after that*
Nuair a bhí sé críochnaithe bhí fuil i ngach áit	*When he was finished there was blood everywhere*
Dúirt sé liom aire a thabhairt do mo chuid fiacla	*He told me to take care of my teeth*
Mhol sé dom gan an-iomarca rudaí siúcrúla a ithe	*He advised me not to eat too many sweet things*
Bhí an ceart aige mar go n-ithim an-iomarca milseán agus rudaí siúcrúla	*He was right because I eat too many sweets and sugary things*
Anois glanaim mo chuid fiacla gach maidin agus gach oíche	*Now I clean my teeth every morning and night*

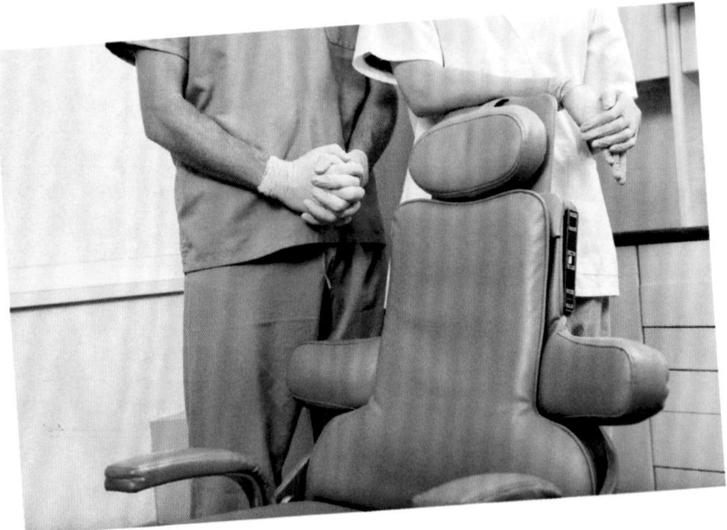

Bileog oibre

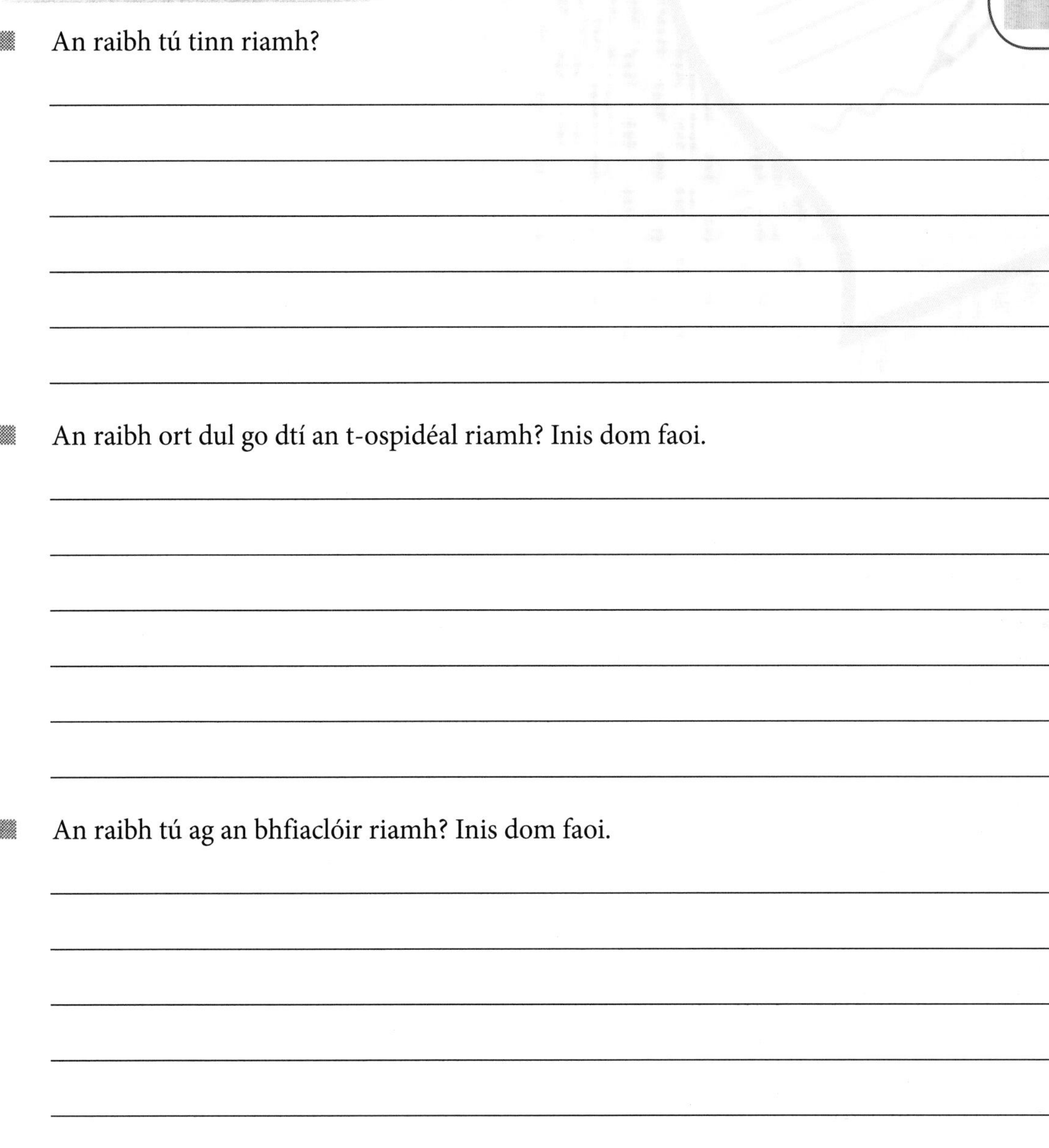

- An raibh tú tinn riamh?

- An raibh ort dul go dtí an t-ospidéal riamh? Inis dom faoi.

- An raibh tú ag an bhfiaclóir riamh? Inis dom faoi.

An Bhliain Seo Chugainn

Bhuel, chun an fhírinne a rá níl mé róchinnte ag an bpointe seo	*To tell the truth, I am not too sure at this point*
Ba mhaith liom céim ollscoile a bhaint amach	*I would like to get a university degree*
Ba mhaith liom dul go dtí …	*I would like to go to …*
Coláiste na hOllscoile, Baile Átha Cliath	*UCD*
Ollscoil na hÉireann, Gaillimh	*NUI Galway*
Coláiste na Tríonóide	*Trinity College*
Ollscoil Chathair Bhaile Átha Cliath	*DCU*
Ollscoil na hÉireann Má Nuad	*Maynooth*
Coláiste Phádraig, Coláiste Oiliúna	*St Patrick's Training College*
Institiúid Teicneolaíochta	*Institute of Technology*
Ollscoil na Banríona	*Queen's University*
An Coláiste Náisiúnta Ealaíne is Deartha	*National College of Art and Design*
An Coláiste Lónadóireachta	*College of Catering*
Tá an-suim agam san eolaíocht / san ealaín / sa leigheas / san altracht / sa mhúinteoireacht / san ailtireacht / i bhfaisean / sa cheol / sa spórt / sa pholaitaíocht	*I have a great interest in science / art / medicine / nursing / teaching / architecture / fashion / music / sport / politics*
Ba mhaith liom a bheith …	*I would like to be a / an*
i m'aturnae, i mo dhlíodóir, i mo bhreitheamh	*attorney, solicitor, judge*
i mo mhúinteoir bunscoile	*primary school teacher*
i mo mhúinteoir meánscoile	*secondary school teacher*
i m'altra, i mo dhearthóir, i m'innealtóir	*nurse, designer, engineer*
i mo leabharlannaí	*librarian*
i m'oibrí sóisialta	*social worker*
i mo thréidlia, i m'eolaí, i mo dhochtúir	*vet, scientist, doctor*
i mo phoitigéir, i mo fhiaclóir, i mo Gharda	*chemist, dentist, Garda*
i mo chuntasóir, i m'ealaíontóir	*accountant, artist*
Is é mo thuairim go bhfuil tréithre ionam a bheadh oiriúnach don phost sin	*I think that I have characteristics that would be suited to that job*
Ba mhaith liom céim a bhaint amach sa …	*I would like to get a degree in …*
Maireann an cúrsa trí / ceithre bliana	*The course lasts for three years / four years*
Ansin b'fhéidir go ndéanfainn iarchéim	*Then maybe I will do a postgraduate degree*
Ansin ba mhaith liom post a fháil mar …	*Then I would like to get a job as …*
Níor mhaith liom dul ar choláiste tríú leibhéal	*I would not like to go to a third-level college*

Níl aon suim agam sa staidéar	*I have no interest in study*
Is fuath liom leabhair	*I hate books*
Ba mhaith liom cúrsa traenála a dhéanamh	*I would like to do a training course*
Déanfaidh mé cúrsa teastais	*I will do a certificate course*
Ba mhaith liom printíseacht a dhéanamh	*I would like to do an apprenticeship*
B'fhearr liom post a fháil mar …	*I would like to get a job as …*
Ba mhaith liom a bheith …	*I would like to be a / an*
i mo leictreoir, i mo mheicneoir, i m'fheirmeoir	*electrician, mechanic, farmer*
i mo theicneoir, i mo shaighdiúir, i m'iascaire	*technician, soldier, fisherman*
i mo bháicéir, i mo bhúistéir, i mo cheoltóir	*baker, butcher, musician*
i mo ghréasaí, i mo ghruagaire	*shoemaker, hairdresser*
i m'imreoir gairmiúil	*professional player*
i mo mhairnéalach, i mo mholtóir, i mo phíolóta	*sailor, referee, pilot*
i mo pholaiteoir, i mo reathaí, i mo rinceoir	*politician, runner, dancer*
i mo rothaí proifisiúnta	*professional cyclist*
i mo shiopadóir, i mo shiúinéir	*shopkeeper, carpenter*
i mo thiománaí bus	*bus driver*
i m'amhránaí, i mo chócaire, i m'aeróstach	*singer, cook, air hostess*
i mo rúnaí	*secretary*
Beidh orm oibriú go dian chun pointí maithe a fháil san Ardteist	*I will have to work hard to get good points in the Leaving Certificate*
Beidh orm trí chéad / ceithre chéad / cúig chéad pointe a fháil chun áit a fháil ar an gcúrsa sin	*I will have to get 300 / 400 / 500 points to get a place on that course*
Beidh orm dul faoi agallamh	*I will have to do an interview*
Beidh orm punann a chur le chéile	*I will have to put a portfolio together*
Thosaigh mé ag obair air ag tús na bliana seo	*I started working on it at the start of this year*
Glacann sé an-chuid ama chun é a dhéanamh	*It takes up a lot of time to do it*
Cuireann sé isteach ar an obair scoile gan dabht	*It definitely interrupts my school work*
Ach tá sé riachtanach chun áit a fháil ar an gcúrsa seo	*But it is essential to get a place on this course*
Tá an-éileamh ar áiteanna ar an gcúrsa sin	*There is great demand for places on that course*
Ní bheidh dóthain spáis ann do gach iarrthóir	*There will not be enough places for all applicants on this course*
Chuir mé é sin síos mar chéad rogha ar an bhfoirm CAO	*I put that down as my first choice on the CAO form*
Má fhaighim áit ar an gcúrsa sin beidh mé ar mhuin na muice	*I will be delighted if I get a place on that course*
Ach tá roghanna eile agam ar an bhfoirm sin chomh maith	*But I have other choices on that form as well*
Beidh orm trí ghrád C a fháil agus trí phas a fháil freisin	*I will have to get three grade Cs and three passes also*
Beidh orm pas a fháil sa mhatamaitic agus sa Bhéarla	*I will have to get a pass in maths and English*
Ansin gheobhaidh mé áit ar an gcúrsa sin	*Then I will get a place on that course*
Tá súil agam go bhfaighidh mé áit ar an gcúrsa sin	*I hope that I will get a place on that course*
Tá mé dóchasach	*I am hopeful*
Ach braitheann gach rud ar thorthaí na hArdteistiméireachta	*But everything depends on the results of the Leaving Certificate*

Bileog oibre

- Cad ba mhaith leat a dhéanamh nuair a fhágfaidh tú an scoil an bhliain seo chugainn?

- An mbeidh mórán pointí ag teastáil chun áit a fháil ar an gcúrsa sin?

- Cén fáth an mhaith leat a bheith i do ...?

- Cad iad na tréithe atá agat a oireann don phost seo?

POST PÁIRTAIMSEARTHA (*Part-time job*)

Tá post páirtaimseartha agam	*I have a part-time job*
Oibrím i siopa / i dteach tábhairne / i mbialann / i lárionad spóirt	*I work in a shop / in a pub / in a restaurant / in a sports centre*
Oibrím ag an deireadh seachtaine	*I work at the weekend*
Bíonn an obair tuirsiúil ach is fiú é mar go mbíonn an t-airgead go maith	*The work is tiring but it is worth it because the money is good*
Tuillim deich euro san uair	*I earn ten euro an hour*
Cuirim cuid den airgead i dtaisce sa bhanc	*I put some of the money in the bank*
Uaireanta ceannaím éadaí nuair a bhíonn go leor airgid agam	*Sometimes I buy clothes when I have enough money*
Bhí orm dul faoi agallamh chun an post sin a fháil	*I had to go for an interview to get that job*
Beidh orm éirí as an bpost sin mar go mbeidh orm staidéar a dhéanamh do na scrúduithe	*I will have to give up that job because I have to study for the exams*
Beidh orm díriú ar an obair agus ar an staidéar	*I will have to focus on the work and the study*
Níl post páirtaimseartha agam	*I do not have a part-time job*
Rinne mé iarracht ceann a fháil ach níor éirigh liom	*I tried to get one but I did not succeed*
Níl go leor post ann i láthair na huaire mar go bhfuil géarchéim eacnamaíochta ann	*There are not enough jobs at the present time because there is an economic crisis*
Níl cead agam post a fháil	*I am not allowed to get a job*
Cuireann mo thusimitheoirí an-bhéim ar an staidéar	*My parents put a lot of emphasis on study*
Gheobhaidh mé ceann tar éis na scrúduithe más féidir liom	*I will get one after the exams if I can*
Tá mé dóchasach, áfach	*I am hopeful, however*
Cuireann an obair pháirtaimseartha isteach ar thorthaí agus ar obair scoile	*Part-time work interferes with results and school work*
Ba mhaith liom torthaí maithe a fháil agus mar sin ní bhacfaidh mé le post páirtaimseartha go dtí go mbeidh na scrúduithe thart	*I would like to get good results and therefore I will not bother with a part-time job until the exams are over*

Bileog oibre

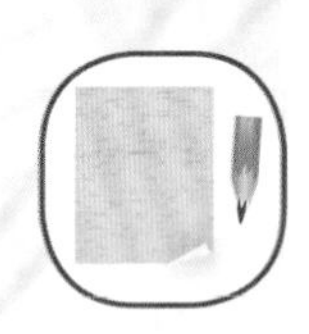

- An raibh post páirtaimseartha agat riamh?

- An bhfuil post páirtaimseartha agat i láthair na huaire?

- Cén sort oibre a rinne / dhéanann tú?

POIST (*Jobs*), FOLÚNTAIS (*Vacancies*), CÁILÍOCHTAÍ (*Qualifications*)

Déan cur síos ar do phost (*Describe your job*)

Tá an obair taitneamhach	*The work is enjoyable*
an-chrua	*very hard*
leadránach	*boring*
an-chontúirteach	*dangerous*
an-chasta	*complicated*
an-salach	*dirty*
spreagúil	*inspiring*
éagsúil	*varied*
tábhachtach	*important*
éasca	*easy*
dúshlánach	*challenging*
spéisiúil	*interesting*
Tá an pá / tuarastal go maith / go dona	*The pay / salary is good / bad*
Tá na laethanta saoire go hiontach	*The holidays are wonderful*
Cabhraíonn sé le daoine	*It helps people*
Tá na huaireanta an-fhada	*The hours are very long*
Bím ag obair amuigh faoin aer	*I work outdoors*
Beidh mé ag cabhrú le daoine	*I will be helping people*
Beidh mé ag taisteal	*I will be travelling*
Beidh mé ag obair le daoine óga / daoine fásta	*I will be working with young people / adults*

Cad iad na cáilíochtaí a bheidh ag teastáil? (*What qualifications are needed?*)

Tá cáilíochtaí éagsúla riachtanach	*Certain qualifications are essential*
Tá taithí ríomhaireachta / oibre riachtanach	*Computer / work experience is essential*
Tá pearsantacht thaitneamhach riachtanach	*A likeable personality is essential*
Tá scileanna rúnaíochta riachtanach	*Secretarial skills are essential*
Beidh orm a bheith cabhrach agus tuisceanach	*I will have to be helpful and understanding*
Tá Gaeilge líofa ag teastáil	*Fluent Irish is needed*
Tá caighdeán ard Gaeilge ag teastáil	*A high standard of Irish is needed*
Tá scileanna cumarsáide riachtanach	*Communication skills are essential*
Beidh orm ceithre chéad caoga pointe a fháil san Ardteist	*I will have to get 450 points in the Leaving Certificate*
Beidh céim ollscoile ag teastáil uaim	*I will need a university degree*
Beidh iarchéim ag teastáil	*A postgraduate degree will be needed*
Beidh cúrsa traenála riachtanach	*A training course will be essential*
Tá teastas rúnaíochta ag teastáil	*I need a secretarial certificate*
Beidh orm printíseacht a dhéanamh	*I will have to do an apprenticeship*
Beidh orm scrúdú scríofa agus praiticiúil a dhéanamh	*I will have to do a written and practical exam*

Cén sórt oibre a bheidh ar siúl agat? (*What sort of work will you be doing?*)

Beidh mé ag freastal ar na custaiméirí	*I will be waiting on the customers*
Beidh mé ag obair i siopa / in oifig / i scoil	*I will be working in a shop / office / school*
Beidh mé ag cabhrú le daoine	*I will be helping people*
Beidh mé ag líonadh málaí	*I will be filling bags*
Beidh mé ag líonadh seilfeanna	*I will be filling shelves*
Beidh mé ag múineadh / ag cabhrú le páistí	*I will be teaching / helping children*
Beidh mé ag obair in ospidéal / i monarcha / in eagraíocht	*I will be working in a hospital / a factory / an organisation*
Beidh mé ag freagairt an fhóin / ag fótachóipeáil / ag clóscríobh / ag glacadh orduithe	*I will be answering the phone / photocopying / typing / taking orders*
Beidh mé ag ullmhú bia	*I will be preparing food*
ag ní gréithe	*washing dishes*
Beidh mé ag obair in ollmhargadh ag líonadh seilfeanna	*I will be working in a supermarket filling shelves*
Beidh mé ag cócaireacht / ag ullmhú bia	*I will be cooking / preparing food*
Beidh mé ag péinteáil	*I will be painting*
Beidh mé ag seinm ceoil	*I will be playing music*
Beidh orm cáin a íoc	*I will have to pay tax*
Gheobhaidh mé an t-íosphá	*I will get the minimum pay*
Beidh mé neamhspléach leis an airgead sin	*I will be independent with that money*

Bileog oibre

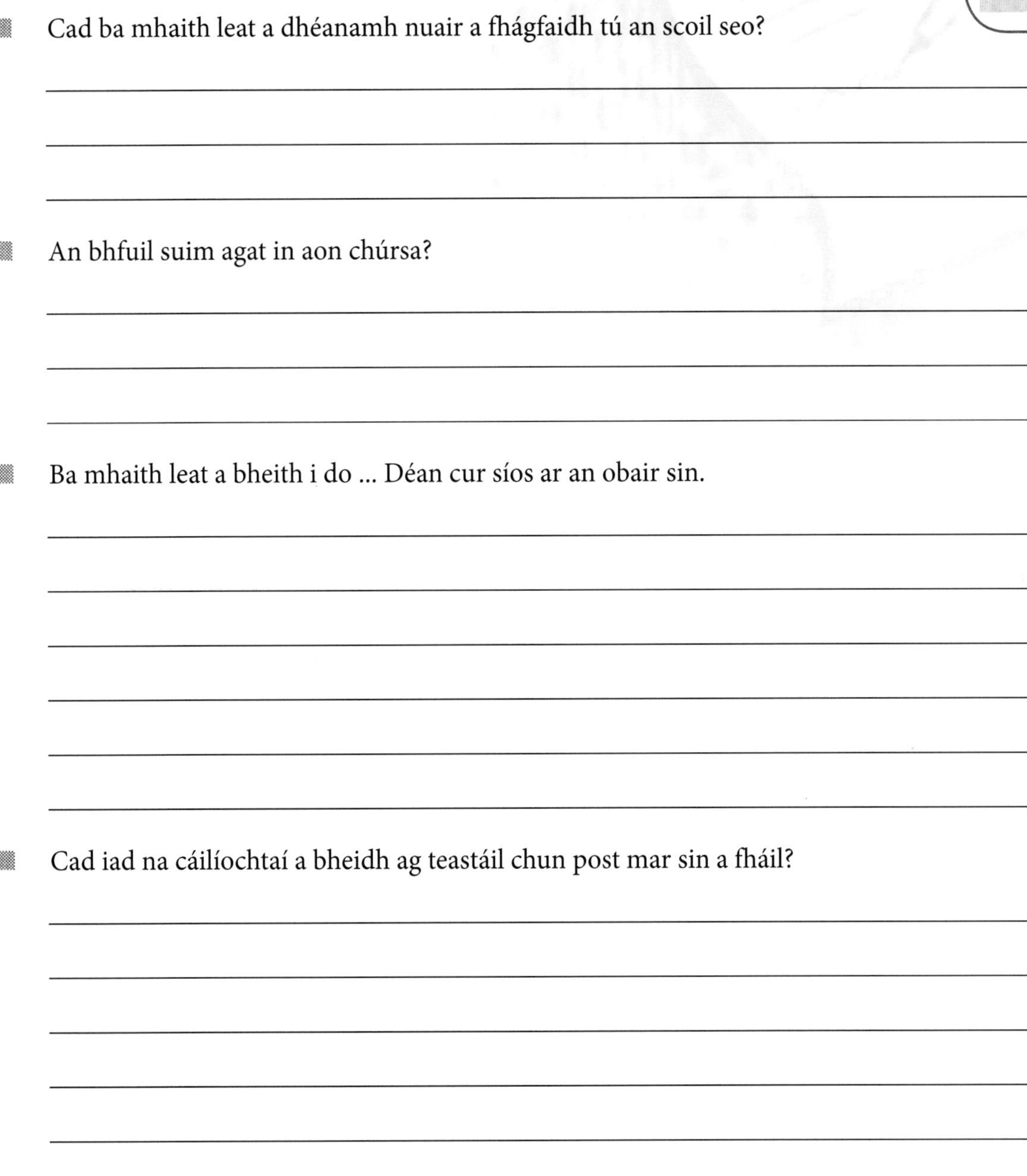

- Cad ba mhaith leat a dhéanamh nuair a fhágfaidh tú an scoil seo?

- An bhfuil suim agat in aon chúrsa?

- Ba mhaith leat a bheith i do ... Déan cur síos ar an obair sin.

- Cad iad na cáilíochtaí a bheidh ag teastáil chun post mar sin a fháil?

Ceadúnas tiomána

An bhfuil tú in ann carr a thiomáint?	*Can you drive a car?*
Is féidir liom carr a thiomáint	*I can drive a car*
Rinne mé an triail tiomána cúpla mí ó shin	*I did the driving test a few months ago*
D'éirigh liom sa chéad iarracht	*I passed on the first attempt*
Faraor rinne mé an triail tiomána ach theip orm	*I did the driving test but unfortunately I failed*
Ní raibh mé réidh don triail	*I wasn't ready for the test*
Bhí mé an-neirbhíseach	*I was very nervous*
Rinne mé praiseach de	*I made a mess of it*
Beidh mé ag fáil ceachtanna tiomána	*I will be getting driving lessons*
Níl móran ama agam i mbliana chun cleachtadh a fháil	*I don't have much time to practise this year*
Déanfaidh mé an triail arís tar éis na hArdteistiméireachta	*I will do the test again after the Leaving Certificate*
B'fhéidir go mbeadh an t-ádh orm an chéad uair eile	*Maybe I will be lucky next time*
Ansin gheobhaidh mé mo cheadúnas tiomána	*Then I will get my driving licence*
Ach níl go leor airgid agam chun carr a cheannach	*But I do not have enough money to buy a car*
Beidh an cháin agus an t-árachas an-chostasach freisin	*The tax and the insurance will also be very expensive*
Uaireanta téim amach ag tiomáint le mo thuismitheoirí sa charr	*Sometimes I go out driving with my parents in the car*
Níl rialacha an bhóthair ar eolas agam go fóill	*I do not know the rules of the road yet*

Bileog oibre

- An bhfuil tú in ann carr a thiomáint?

- An ndearna tú an triail tiomána?

- An bhfuil carr agat?

- Ar mhaith leat carr a cheannach?

Féilte

Lá Fhéile Pádraig (*St Patrick's day*)

Cad a rinne tú? An Aimsir Chaite
Cad a dhéanfaidh tú? An Aimsir Fháistineach

Bhí / beidh lá saoire agam ón scoil	*I had / will have a free day from school*
Is é Naomh Pádraig éarlamh na hÉireann	*St Patrick is the patron saint of Ireland*
Ceiliúrann muintir na hÉireann an lá speisialta seo	*The people of Ireland celebrate this special day*
Ceiliúrann daoine an ócáid seo ar fud an domhain	*People celebrate this occasion around the world*
Chodail / codlóidh mé go déanach an lá sin	*I slept / will sleep late that day*
Chuaigh / rachaidh mé ar Aifreann ag a deich a chlog	*I went / will go to Mass at 10 o'clock*
Ansin chuaigh / rachaidh mé go dtí an pharáid i lár an bhaile / i lár na cathrach	*I went / I will go to the parade in the town centre / city centre*
Bhaineamar / Bainfimid an-taitneamh as an gceiliúradh sin	*We enjoyed / will enjoy this celebration*
Ansin bhí / beidh béile speisialta agam le mo thuismitheoirí agus mo sheantuismitheoirí sa bhaile	*I had / will have a special meal with my parents and my grandparents at home*
D'ullmhaigh / ullmhóidh mé féin agus mo mháthair / m'athair é	*I prepared / will prepare it with my mother / father*

Saoire na Cásca (*Easter holidays*)

Cad a dhéanfaidh tú? An Aimsir Fháistineach

Beidh saoire coicíse agam ón scoil	*I will have two weeks free from school*
Beidh sos agam ó ranganna scoile	*I will have a break from classes*
Ach beidh orm an-chuid staidéir a dhéanamh do scrúdú na hArdteistiméireachta	*I will have to do a lot of study for the Leaving Certificate exam*
Tabharfaidh sé seans dom dul siar a dhéanamh sna hábhair go léir	*It will give me a chance to revise all the subjects*
Ní bheidh mórán ama agam mar nach bhfuil ach téarma an-ghearr fágtha tar éis na Cásca	*I will not have much time because there is only a short term left after Easter*
Beidh téarma fada fágtha tar éis na Cásca	*There will be a long term left after Easter*
Ach codlóidh mé go déanach cúpla lá	*But I will sleep late a few days*
Déanfaidh mé an-chuid staidéir	*I will do a lot of study*
Buailfidh mé le mo chairde	*I will meet my friends*
Rachaidh mé amach le mo chairde oíche amháin go dtí club oíche	*I will go out with my friends one night to a night club*
Críochnóidh mé aistí a thabharfaidh na múinteoirí dúinn	*I will finish essays that the teachers will give us*
Déanfaidh mé cúrsa ar ábhar nó dhó chun cabhrú liom leis an staidéar	*I will do a course in one or two subjects to help me with study*

Seachtain na Gaeilge (*Irish week*)

Is maith liom Seachtain na Gaeilge	*I like Seachtain na Gaeilge*
Tugann sé seans dúinn níos mó Gaeilge a labhairt	*It gives us a chance to speak more Irish*
Bíonn atmaisféar deas sa scoil mar go mbíonn imeachtaí ar nós tráth na gceist agus céilí ar siúl	*There is a nice atmosphere in the school because there are events on like a table quiz and a céilí*
Eagraítear imeachtaí i lár na cathrach / i lár an bhaile chun daoine a mhealladh isteach	*Events are organised in the city centre / in the town to encourage people to come in*
Caithim fáinne óir / airgid go bródúil	*I proudly wear a gold / silver fáinne*
Fuair mé é nuair a rinne mé scrúdú cainte san idirbhliain	*I got it when I did an oral Irish exam in transition year*
Is maith liom an Ghaeilge	*I like Irish*

Féach an Ghaeilge agus an Ghaeltacht ar l. 97.

Bileog oibre

- Cad a rinne tú Lá Fhéile Pádraig?

____

____

____

____

- Cad a dhéanfaidh tú Lá Fhéile Pádraig?

____

____

____

____

- Cad a dhéanfaidh tú i rith shaoire na Cásca?

____

____

____

____

- An ndearna tú aon rud speisialta do Sheachtain na Gaeilge?

____

____

____

____

Cleachtadh ar na hAimsirí

Cóisir (*Party*)

An Aimsir Chaite / An Aimsir Fháistineach

An raibh / mbeidh cóisir agat nuair a bhí / bheidh tú ocht mbliana déag d'aois?	*Did you / will you have a party when you were / are 18 years of age?*
Bhí / beidh cóisir agam i mo theach	*I had / will have a party in my house*
Lig / ligfidh mo thuismitheoirí dom cóisir a bheith agam	*My parents allowed me to / will allow me to have a party*
Thug / tabharfaidh mé cuireadh do mo chairde	*I gave invitations / will give invitations to my friends*
Bhí / beidh an-oíche againn	*I had / will have a great night*
D'ullmhaigh / ullmhóidh mo thuismitheoirí an bia dúinn	*My parents prepared / will prepare food for us*
Bhí / beidh cead agam deoch mheisciúil a ól an oíche sin mar go raibh / go mbeidh mé ocht mbliana déag d'aois	*I had permission / will have permission to drink an alcoholic drink that night because I was / will be 18 years of age*
Chaith / caithfidh mé an oíche ag damhsa	*I spent / will spend the night dancing*
Fuair / gheobhaidh mé bronntanais an oíche sin	*I got / will get presents that night*
Fuair / gheobhaidh mé dearbháin / dlúthdhíoscaí / leabhair / agus trealamh spóirt	*I got / will get vouchers / CDs / books / sports equipment*
Bhain / bainfidh mé an-taitneamh as an oíche	*I enjoyed / will enjoy the night*
Ní dhéanfaidh mé dearmad go deo ar an oíche sin	*I will never forget that night*
Ní raibh / ní bheidh cóisir agam	*I did not have / will not have a party*
Ní thaitneodh rud mar sin liom	*I would not like something like that*
Chuaigh / rachaidh mé amach le mo chlann agus mo ghaolta; bhí / beidh ceiliúradh speisialta againn i mbialann áitiúil	*I went out / will go out with my family and relations; we had / will have a special celebration in a local restaurant*
Ansin bhuail / buailfidh mé le mo chairde agus chuamar / rachaimid go dtí lár an bhaile / lár na cathrach go dtí club oíche	*Then I met / will meet and we went / will go to the town centre / the city centre to a night club*
Bhí / beidh an-oíche againn ag damhsa	*We had / will have a great night dancing*

An samhradh seo chugainn (*Next summer*)

An Aimsir Fháistineach

Bhuel i dtús báire ní dhéanfaidh mé aon obair bhaile nó staidéar	*Well, first of all, I will not do any homework or study*
Beidh áthas orm a bheith críochnaithe leis an scoil agus le cúrsaí staidéir	*I will be happy to be finished with school and study*
Glacfaidh mé sos	*I will take a break*
Codlóidh mé go déanach	*I will sleep late*
Gheobhaidh mé post páirtaimseartha	*I will get a part-time job*
Rachaidh mé ar saoire le mo chairde	*I will go on a holiday with my friends*

Féach laethanta saoire ar l. 56.

Tabharfaidh mé cabhair do mo thuismitheoirí le hobair an tí mar nach ndearna mé aon obair tí i mbliana mar go raibh mé faoi bhrú maidir le cúrsaí ama agus cúrsaí staidéir	*I will help my parents with housework because I did no housework this year because I was under pressure with time and study*
Rachaidh mé ag snámh san fharraige	*I will go swimming in the sea*
Luífidh mé sa ghairdín ag sú na gréine má bhíonn an aimsir go deas	*I will lie in the garden sunbathing if the weather is good*
Gheobhaidh mé torthaí na hArdteistiméireachta i mí Lúnasa	*I will get the results of the Leaving Certificate in the month of August*
Beidh mé an-neirbhíseach timpeall an ama sin	*I will be very nervous around that time*
Ansin beidh níos mó eolais agam maidir le hollscoileanna / coláistí tríú leibhéal / cúrsaí áirithe	*Then I will have more information regarding / universities / third-level colleges / various courses*

Ar maidin (*This morning*)

An Aimsir Chaite

Bhuel, d'éirigh mé go luath	*Well, I got up early*
Theastaigh uaim dul siar ar mo chuid nótaí	*I wanted to go back on my notes*
Bhí cithfholcadh agam	*I had a shower*
D'ith mé mo bhricfeasta	*I ate my breakfast*
Chuir mé m'éide scoile orm	*I put on my school uniform*
D'fhág mé an teach ag a hocht a chlog	*I left the house at 8 o'clock*
Fuair mé síob chuig an scoil ar maidin ó mo chara / m'athair / mo mháthair	*I got a lift to school this morning from my friend / father / mother*
Ansin nuair a shroich mé an scoil bhuail mé le mo chairde	*Then when I reached the school I met my friends*
Thosaigh an chéad rang ar a naoi a chlog / ceathrú chun a naoi	*The first class started at 9 o'clock / a quarter to nine*

Gach maidin (*Every morning*)

An Aimsir Láithreach

Éirim ar a seacht a chlog gach maidin	*I get up at 7 o'clock every morning*
Ithim mo bhricfeasta	*I eat my breakfast*
Tógaim cithfholcadh	*I take a shower*
Cuirim m'éide scoile orm	*I put my school uniform on me*
Fágaim an teach timpeall a hocht a chlog	*I leave the house around 8 o'clock*
Téim ar an mbus scoile gach maidin	*I go on the school bus every morning*
Sroichim an scoil ar a leathuair tar éis a hocht	*I reach the school at 8.30*
Tosaíonn an scoil ar a naoi a chlog / ceathrú chun a naoi	*School starts at 9 o'clock / 8.45*

Tar éis scoile gach lá (*After school every day*)

An Aimsir Láithreach

Críochnaíonn an scoil gach lá ag leathuair tar éis a trí / a ceathair a chlog	*School finishes every day at half past three / four o'clock*
Fanaim sa scoil ar feadh dhá uair an chloig ag déanamh staidéir	*I stay at school doing two hours' study*
Ansin téim abhaile	*Then I go home*
Cónaím gar don scoil agus mar sin siúlaim abhaile le mo chara	*I live near the school and therefore I walk home with my friend*
Ithim mo dhinnéar le mo chlann ag a sé a chlog	*I eat dinner with my family at six o'clock*
Tar éis an dinnéir féachaim ar an teilifís	*After dinner I look at the television*
Is maith liom an clár …	*I like the programme …*
Ansin bíonn orm cúpla uair an chloig eile a chaitheamh ag staidéar	*Then I have to spend a few more hours studying*
Bíonn tuirse orm ag a deich a chlog agus téim a chodladh timpeall an ama sin	*I am tired at ten o'clock and I go to sleep around that time*
Ní bhíonn seans agam mórán eile a dhéanamh i mbliana mar go mbíonn an-iomarca le déanamh	*I don't have a chance to do much more this year because there is too much to do*

Féach teilifís ar l. 43.

An deireadh seachtaine (*The weekend*)

An Aimsir Láithreach

Bhuel, is aoibhinn liom an deireadh seachtaine	*Well, I love the weekend*
Tugann sé seans dom sos a bheith agam	*It gives me a chance to have a break*
De ghnáth codlaím go déanach	*I usually sleep late*
Bíonn bricfeasta deas agam	*I have a nice breakfast*
Ansin socraím síos ar feadh cúpla uair an chloig chun staidéir a dhéanamh	*Then I settle down to do a few hours' study*
Bíonn an-chuid oibre le déanamh agam gach deireadh seachtaine	*I have a lot of work to do every weekend*
Ansin bíonn lón beag agam i lár an lae	*Then I have a small lunch in the middle of the day*
Anois is arís téim amach agus buailim le mo chairde	*Now and then I go out and meet my friends*
Cónaíonn siad sa cheantar céanna	*They live in the same area*
Uaireanta téimid ag siúl le chéile	*Sometimes we go walking together*
Ansin sa tráthnóna téim ar ais ag staidéar	*Then in the afternoon I go back studying*
Uaireanta bíonn rang ceoil agam ar an Satharn	*Sometimes I have a music class on a Saturday*
Téim ag snámh / ag imirt leadóige / ag siopadóireacht ó am go ham	*I go swimming / playing tennis / shopping / from time to time*
Tá post páirtaimseartha agam ar an Satharn	*I have a part-time job on a Saturday*
Thosaigh mé ag obair ann nuair a bhí mé san idirbhliain	*I started working there when I was in transition year*
Ithimid dinnéar ag a sé a chlog	*We eat dinner at six*
Is breá liom dul amach le mo chairde san oíche	*I love going out with my friends at night*
Ansin déanaim an rud céanna ar an Domhnach	*Then I do the same thing on Sundays*
Téim ar Aifreann freisin	*I go to Mass too*
Ullmhaím an béile le mo dheirfiúr ar an Domhnach nuair nach mbíonn obair bhaile le déanamh agam	*I prepare the meal with my sister on Sunday when I do not have any homework to do*

Féach poist ar l. 73.

An Modh Coinníollach (*Conditional tense*)

Cad a dhéanfá dá mbuafá an crannchur náisiúnta?
(*What would you do if you won the national lottery?*)

Cheannóinn carr mór dom féin mar go bhfuil mo cheadúnas tiomána agam anois	*I would buy a big car for myself because I have my driving licence now*
Chuirfinn cuid den airgead i dtaisce sa bhanc agus mhairfinn ar an ús	*I would put some of the money in the bank and I would live on the interest*
Thabharfainn cuid den airgead do na bochtáin	*I would give some of the money to the poor*
Rachainn ar thuras timpeall an domhain le mo theaghlach chun an domhan a fheiceáil	*I would go on a trip around the world with my family to see the world*

Cad a dhéanfá dá mbeifeá i do phríomhoide sa scoil seo?
(*What would you do if you were principal in this school?*)

D'athróinn an chulaith scoile mar nach maith leis na daltaí í	*I would change the uniform because the students do not like it*
Thabharfainn leathlá do na daltaí ar an Aoine	*I would give a half day to the pupils on Friday*
Cheannóinn trealamh nua don scoil, mar shampla, trealamh spóirt / ríomhairí nua / leabhair nua don leabharlann	*I would buy new equipment for the school, for example, sports equipment / new computers / new books for the library*

Cad a dhéanfá dá mbéifeá i do Thaoiseach sa tír seo?
(*What would you do if you were Taoiseach in this country?*)

Thabharfainn níos mó airgid do na scoileanna chun múinteoirí a fhostú agus chun áiseanna a chur ar fáil i scoileanna	*I would give more money to the schools to employ teachers and to provide facilities in schools*
Dhéanfainn infheistíocht sa tír chun poist a chruthú dóibh siúd atá dífhostaithe	*I would invest in the country to create jobs for those who are unemployed*
Chuirfinn rialacha i bhfeidhm do lucht na mbanc	*I would implement rules for the banks*
Chuirfinn breis Gardaí ar na sráideanna	*I would put more Gardaí on the streets*

Bileog oibre

- Cad a dhéanfá dá mbeifeá i do Thaoiseach sa tír seo?

- Cad a dhéanfá leis an airgead dá mbuafá an Crannchur Náisiúnta?

- Cad a dhéanfá dá mbeifeá i do phríomhoide sa scoil seo?

2 Ábhair eile

FADHB NA nDRUGAÍ (*Drugs problem*)

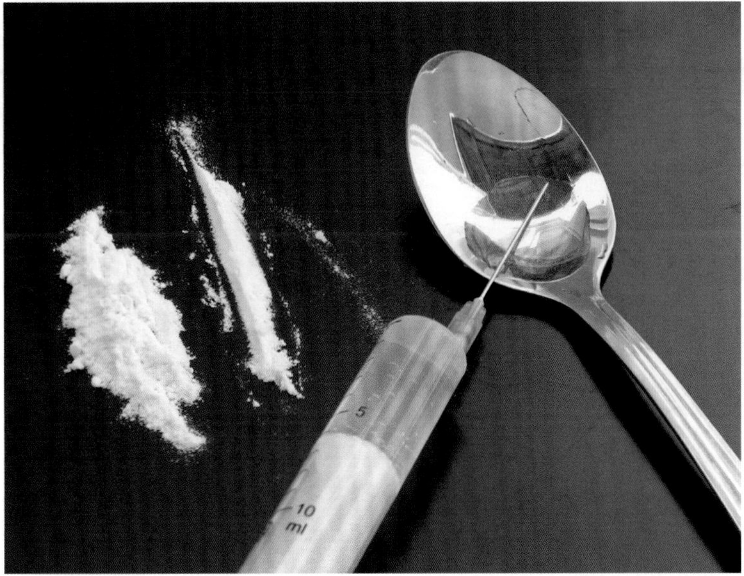

Is fadhb mhór shóisialta é fadhb na ndrugaí	*Drugs are a big social problem*
Is minic a bhíonn dlúthbhaint idir úsáid drugaí agus an dífhostaíocht	*There is often a link between drug use and unemployment*
Ina theannta sin tá ceangal idir úsáid drugaí agus foréigean sa tsochaí	*Along with that there is a link between drug use and violence in society*
Tá méadú mór tagtha ar an bhforéigean ar na sráideanna sna bailte agus sna cathracha timpeall na tíre	*There has been a big increase in violence on the streets in the towns and in the cities around the country*
Bíonn drugaí ar fáil go forleathan ar na sráideanna mar gur gnó mór é seo	*Drugs are widely available on the streets because it is a big business*
Díolann mangairí drugaí na drugaí ar na sráideanna agus déanann siad an-chuid airgid	*The drug dealers sell drugs on the streets and they make a lot of money*
Mar gheall air sin éiríonn na mangairí agus na barúin mhóra níos saibhre in aghaidh an lae	*Because of this the drug dealers and the big drug barons become richer by the day*
Is minic a thosaíonn daoine le drugaí boga ach bogann siad ar aghaidh roimh i bhfad go dtí na drugaí crua eile ar nós hearóine	*People often start with soft drugs but before long they move on to other hard drugs like heroin*
Ní mór don rialtas dul i ngleic leis an bhfadhb seo	*The government must come to terms with this problem*
Beidh athrú ag teastáil sna cúirteanna freisin mar ba chóir téarmaí fada príosúnachta a ghearradh ar na coirpigh seo	*A change will be needed in the courts because these criminals should be given long prison sentences*

Alcól (*Alcohol*)

Is druga é an t-alcól freisin	*Alcohol is a drug too*
Bhí am ann tráth nuair nár bhlais daoine óga alcól go dtí gur fhág siad an scoil	*There was a time when young people didn't drink alcohol until they left school*
Tá fadhb ollmhór ag daoine óga le halcól	*Young people have a huge problem with alcohol*
Uaireanta feictear meisceoireacht ar na sráideanna nuair a thagann torthaí an Teastais Shóisearaigh amach	*Sometimes one can see drunkenness on the streets when the Junior Certificate results come out*
Cuireann na comhlachtaí óil airgead ar fáil trí thairiscintí speisialta sna clubanna oíche chun níos mó alcóil a dhíol	*The drink companies make money available through special offers / promotions in the night clubs to sell more drink*
Níl cead alcól a cheannach ná é a ól faoi ocht mbliana déag d'aois ach fós éiríonn le daoine óga alcól a fháil go héasca	*One cannot buy or drink alcohol under 18 years of age yet young people manage to get alcohol easily*
Faigheann siad cártaí aitheantais bréige chun alcól a cheannach	*They get false identity cards to buy alcohol*
Bíonn cuid den locht ar na tithe tábhairne a dhíolann alcól le daoine óga; ach tá an nós seo ag athrú agus is rud maith é sin	*Pubs that sell drink to young people are partly to blame; this custom is changing however and this is a good thing*
Bíonn i bhfad níos mó saoirse ag an nglúin seo róluath	*This generation have too much freedom too soon*
Bíonn cuid den milleán ar na tuismitheoirí freisin mar tugann siad an iomarca saoirse dóibh agus iad ró-óg	*Some of the blame is on parents too because they give too much freedom to them too young*

TIMPISTÍ BÓTHAIR (*Road accidents*)

Tá fadhb ollmhór againn le timpistí bóthair	*We have a huge problem with road accidents*
Is iomaí teaghlach in Éirinn agus i dtíortha eile a bhíonn ag fulaingt de bharr timpistí bóthair	*There are many families in Ireland and in other countries who are suffering as a result of road accidents*
Tiomáineann daoine faoi thionchar an alcóil agus faoi thionchar drugaí	*People drink under the influence of alcohol and under the influence of drugs*
Faigheann an-chuid daoine bás ar na bóithre	*A lot of people die on the roads*
Tá ceangal láidir idir timpistí bóthair agus luas ar na bóithre	*There is a strong link between road accidents and speed on the roads*
Tiomáineann daoine áirithe an-tapa	*Certain people drive very fast*
Cuirtear an milleán go minic ar fhir óga a thiomáineann an-tapa i seancharranna	*Young men who drive very fast in old cars are often blamed*
Ní thuigeann siad an baol a bhíonn ann	*They do not understand the danger*
Ní mór níos mó cúrsaí oideachais a chur ar fáil do dhaoine óga sula bhfaigheann siad an ceadúnas tiomána	*There should be more educational courses available for young people before they get the driving licence*
Tá athrú ag teacht ar an scrúdú tiomána agus is rud maith é sin	*The driving test is changing and this is a good thing*

FORÉIGEAN AGUS COIRIÚLACHT (*Violence and crime*)

Gan dabht is cúis imní é an foréigean sa lá atá inniu ann	*Without doubt violence is a cause for concern in today's world*
Tá an Tíogar Ceilteach marbh anois agus tá rudaí go dona sa tír agus ag dul in olcas b'fhéidir	*The Celtic Tiger is dead and things are bad in the country and perhaps getting worse*
Tá líon na ndaoine atá dífhostaithe ag méadú in aghaidh na seachtaine	*The number of people who are unemployed is increasing each week*
Tá coirpigh ar na sráideanna timpeall na tíre	*There are criminals on the streets around the country*
Cloisimid faoi ionsaithe ar dhaoine agus marú ar na sráideanna ar an nuacht gach lá	*We hear about attacks on people and killing on the streets on the news every day*
Ba chóir tuilleadh Gardaí a chur ar na sráideanna	*More Gardaí should be put on the streets*
Ba cheart go ngearrfadh na cúirteanna dlí pionós ceart ar na coirpigh	*The law courts should impose proper penalties on the criminals*
Ní mór do na cúirteanna dlí bheith dian freisin ar na hógchiontóirí	*The law courts must be hard on the young offenders*
Ba cheart go mbeadh tuismitheoirí freagrach as a gcuid páistí	*Parents should be responsible for their children*
Ní mór don rialtas áiseanna a chur ar fáil do dhéagóirí	*The government must make facilities available for teenagers*

An Tíogar Ceilteach (*The Celtic Tiger*)

Mhair an Tíogar Ceilteach sa tír seo ar feadh deich mbliana	*We had the Celtic Tiger for ten years in this country*
Ré órga a bhí ann don tír	*It was a golden era for the country*
Ní raibh fadhb againn le hairgead ná le dífhostaíocht	*We had no problem with money or unemployment*
D'éirigh an-chuid daoine saibhir an-tapa	*A lot of people became wealthy very quickly*
Cheannaigh daoine carranna móra agus tithe ollmhóra	*People bought big cars and huge houses*
Bhí daoine ag dul thar lear ar saoire cúpla uair sa bhliain	*People were going abroad for holidays twice a year*
Thug na bainc an-iomarca airgid do dhaoine chun tithe agus talamh a cheannach	*The banks gave too much money to people to buy houses and land*
Ach ag an am céanna níor tháinig athrú ar shaol na mbochtán	*At the same time the life of the poor did not change*
Níor tháinig feabhas ar an sórt saoil a bhí acu	*Their lives did not improve*
Bhí siad fós ar an ngannchuid	*They were still in need*

An cúlú eacnamaíochta (*Economic Depression*)

Tháinig deireadh leis an ré órga sin	*This golden era came to an end*
Ní féidir a shéanadh go bhfuil cúrsaí eacnamaíochta na tíre go dona i láthair na huaire	*One cannot deny that the economic affairs of the country are bad at the present time*
Le cúpla bliain anuas tá athrú ollmhór tar éis teacht ar chúrsaí	*For the last few years things have changed hugely*
Níl aon dabht gurb iad an tsaint agus an t-ábharachas atá taobh thiar den chruachás seo	*There is no doubt that greed and materialism are behind this hardship*
Tá go leor comhlachtaí ag dúnadh síos anois	*There are many companies closing down now*
Tá na mílte dífhostaithe ar fud na tíre	*There are thousands of people unemployed around the country*
Tá na mílte ag lorg oibre ar fud na tíre	*Thousands are looking for work around the country*
Tá fadhb na bochtaineachta le feiceáil go forleathan sa tsochaí	*Poverty is widespread all around society*
An bhfuil todhchaí éadóchasach i ndán don tír?	*Is there no future for the country?*
An bhfuil na polaiteoirí ag déanamh a ndóthain chun an fhadhb seo a réiteach?	*Are the politicians doing enough to solve this problem?*

An pholaitíocht (*Politics*)

Geallann polaiteoirí gach rud roimh na toghcháin	*They promise anything before the elections*
Níl meas ag muintir na hÉireann ar pholaiteoirí	*The people of Ireland have no respect for politicians*
D'éirigh na tógálaithe róshantach agus thug na bainc an-iomarca airgid dóibh	*The builders became too greedy and the banks gave them too much money*
Agus níor chuir na polaiteoirí stop leo	*And the politicians did not stop them*
Ní mór do na polaiteoirí aird a dhíriú ar na fadhbanna atá sa tsochaí sa lá atá inniu ann	*Politicians must focus on society's problems*
Ach ar an lámh eile de tá polaiteoirí eile ann a oibríonn go dian do mhuintir na hÉireann	*On the other hand there are politicians who work hard for the people of Ireland*
Tá sé soiléir go bhfuil fadhbanna móra le réiteach ag rialtas na tíre	*It is clear that the government of the country have big problems to solve*
Tá daoine go mór faoi bhrú maidir le cúrsaí airgeadais agus poist	*People are greatly under pressure with regard to financial affairs and jobs*
Tá fiacha móra ar an tír	*The country has big debts*
Ní féidir a rá gur post éasca é bheith i do pholaiteoir	*It can't be said that it is an easy job to be a politician*
Ní bhíonn mórán príobháideachais ag polaiteoirí	*Politicians do not have privacy*

Mná sa pholaitíocht (*Women in politics*)

Tugann mná meon agus dearcadh difriúil don pholaitíocht	*Women bring a different mindset and outlook to politics*
Bíonn sé níos deacra do mhná agus máithreacha bheith ina bpolaiteoirí	*It is more difficult for women and mothers to be politicians*
Dealraíonn sé nach bhfuil suim ag mná sa pholaitíocht	*It appears that women are not interested in politics*
Tá mná fiú ag éirí as an bpolaitíocht	*Women are even giving up politics*
Ní mór do na páirtithe polaitiúla níos mó suime a spreagadh sna mná sa pholaitíocht agus tacaíocht a thabhairt dóibh	*The political parties must encourage women in politics and support them*
Ní mór suim a chothú i measc cailíní óga na tíre sa pholaitíocht	*We must cultivate interest in politics among the young girls of the country*
Dá mbeadh an pholaitíocht ar chúrsa na hArdteistiméireachta b'fhéidir go gcuirfeadh níos mó cailíní suim sa pholaitíocht	*If politics was on the Leaving Certificate course maybe more girls would be interested in politics*
Bíonn mná gafa le cúraimí tí agus le cúram leanaí	*Women are busy with house affairs and children*
Is bean ar leith í Uachtarán na hÉireann Máire Mhic Ghiolla Íosa	*Mary McAleese is a special president of Ireland*
Bíonn sí i dteagmháil le gnáthmhuintir na tíre	*She is in touch with the ordinary people of the country*

Teifigh (*Refugees*)

Tá méadú mór ar líon na ndaoine atá ina gcónaí in Éirinn faoi láthair	*There is a big increase in the amount of people living in Ireland at the present time*
Tagann a lán inimirceach chuig an tír seo ag lorg oibre	*A lot of immigrants come to this country looking for work*
Is tír ilchiníoch í Éire sa lá atá inniu ann	*Ireland is a multi-racial country at the present time*
Mheall an Tíogar Ceilteach na mílte duine go hÉirinn mar go raibh saibhreas agus neart oibre ann	*The Celtic Tiger attracted thousands of people to Ireland because there was wealth and plenty of work here*
D'oibrigh siad go dian agus chuir siad go mór le heacnamaíocht na tíre	*They worked hard and they added to the economy of the country*
Rinne siad na poist nach raibh muintir na hÉireann sásta a dhéanamh	*They did jobs that the people of Ireland did not want to do*
Uaireanta caitear go dona le heachtrannaigh	*Sometimes foreign nationals are treated badly*
Is rud mímhorálta é sin	*This is an immoral thing*
Tá taithí ag muintir na hÉireann ar an imirce go Meiriceá, go Sasana agus go dtí an Astráil nuair a bhí an Gorta Mór ar siúl i lár an naoú haois déag	*The people of Ireland have experience of emigration to America, England and Australia at the time of the famine in the middle of the nineteenth century*
Fiú nuair a bhí an cúlú eacnamaíochta ann sna hochtóidí d'imigh na mílte ón tír seo thar lear ag lorg oibre agus saol níos fearr	*Even when the economic depression was on in the eighties thousands from this country went abroad looking for work and a better life*

Déagóirí (*Teenagers*)

Ní raibh na deiseanna céanna ag déagóirí blianta ó shin is atá acu sa lá atá ann inniu	*Teenagers did not have the same opportunities years ago as they do today*
Ach ní raibh na fadhbanna céanna acu ach an oiread	*But they did not have the same problems either*
Is minic a bhíonn daoine óga faoi bhrú maidir le scrúduithe	*Often young people are under pressure with regard to exams*
Bíonn brú orthu drugaí a ghlacadh, alcól a ól an-óg, toitíní a chaitheamh, éadaí áirithe a chaitheamh	*They are under pressure to take drugs, to drink alcohol very young, to smoke cigarettes, to wear certain clothes*
Bíonn sé deacair ar dhaoine óga gan ghéilleadh do na brúnna seo	*It is difficult not to submit to these pressures*
Tá daoine óga faoi bhrú ag córas na bpointí	*Young people are under pressure with the points system*
Bíonn siad faoi bhrú marcanna maithe a fháil chun áit a fháil sna hollscoileanna	*They are under pressure to get good marks to get a place in the universities*
Is minic a chloistear faoi dhaoine óga ag cur lámh ina mbás féin	*Often we hear about young people committing suicide*
Chomh maith leis na fadhbanna sin tá géarchéim eacnamaíochta ann agus tá todhchaí na ndaoine óga i mbaol	*Along with these problems there is an economic depression on and the future of the young people are in danger*
Is iad na daoine óga seo todhchaí na tíre	*These young people are the future of this country*

Tuaisceart na hÉireann (*The North of Ireland*)

Bhí easpa síochána i dTuaisceart na hÉireann le blianta fada	*There was a lack of peace in the North of Ireland for many years*
Ach anois tá sos cogaidh ann agus tá síocháin ann	*But now there is a ceasefire and there is peace there*
Níor aontaigh na Caitlicigh agus na Protastúnaigh lena chéile	*The Protestants and the Catholics did not agree*
Bhí an cogadh seo bunaithe ar reiligiún	*This war was based on religion*
Mhair an easpa síochána ar feadh na gcéadta bliain	*This lack of peace existed for hundreds of years*
Bhí easaontas ann idir na polaiteoirí sa Tuaisceart	*There was disagreement between the politicians in the North*
D'éirigh leis na cainteanna síochána agus d'aontaigh na grúpaí áirithe lena chéile	*The peace talks succeeded and the different groups agreed*
D'fhulaing na mílte thar na blianta	*Thousands suffered over the years*
D'oibrigh na polaiteoirí go dian chun réiteach a fháil ar an bhfadhb seo	*The politicians worked hard to get a solution to this problem*
Níl mórán eolais agam faoin ábhar seo	*I don't have much information about this subject*

Bochtanas (*Poverty*)

Is minic a mhaireann an bochtanas agus an saibhreas taobh le taobh	*Poverty and wealth often live side by side*
Tá scoilt mhór sa domhan idir daoine saibhre agus daoine bochta	*There is a big division in the world between wealthy people and poor people*
Ní mór do na tíortha saibhre airgead, oideachas agus tacaíocht a chur ar fáil do na tíortha bochta atá i gcruachás	*The rich countries must make money, education and support available for the poor countries who are in a bad way*
Bíonn sé deacair ar dhaoine an bochtanas a shárú	*It is difficult for people to overcome poverty*
Is bealach éalaithe é an t-oideachas ón mbochtanas	*Education is an escape from poverty*
Ní fhaigheann na tíortha bochta tacaíocht ná cothrom na féinne ó na tíortha saibhre	*The poor countries do not get support or justice / fair play from the wealthy countries*
Tá tuaisceart an domhain níos saibhre ná deisceart an domhain	*The north is wealthier than the south*
Tá sé fíorthábhachtach timthriall an bhochtanais a bhriseadh	*It is vitally important to break the cycle of poverty*
Tá fadhb na bochtaineachta go dona sa tríú domhain	*The problem of poverty is bad in the third world*
Bíonn daoine ag fáil báis den ocras agus den chruatan gach lá	*People are dying of hunger and of hardship every day*
Tá níos mó bochtanais le feiceáil sa tír anois mar tá cúlú eacnamaíochta ann	*There is more poverty to be seen in the country now because there is an economic depression in the country*

AN CÓRAS OIDEACHAIS (*The educational system*)

Tá a fhios ag gach duine go bhfuil córas oideachais an-mhaith againn sa tír seo	*Everyone knows that we have a very good educational system in this country*
Bíonn réimse leathan ábhar le déanamh ag daltaí sna scoileanna timpeall na tíre	*Students have a wide range of subjects to do in schools around the country*
De ghnáth bíonn áiseanna maithe ag scoileanna ach tá scoileanna eile ann atá ag fulaingt toisc nach bhfuil áiseanna bunúsacha acu cosúil le seomraí ranga agus áiseanna spóirt	*Usually schools have good facilities but there are other schools that are suffering because they do not have basic facilities like classrooms and sporting facilities*
Toisc go bhfuil lagthrá eacnamaíochta ann tá an Roinn Oideachais ag gearradh siar ar sheirbhísí	*Because there is an economic depression the Department of Education is cutting back on services*
Is é / í … an tAire Oideachais	*… is the Minister for Education*
Braitheann todhchaí na tíre seo ar an gcóras oideachais agus ar an gcéad ghlúin eile	*The future of this country depends on the educational system and on the next generation*
Ní mór don rialtas infheistíocht a dhéanamh sa chóras oideachais	*The government must invest in the educational system*
Ach tá mic léinn agus tuismitheoirí go mór faoi bhrú maidir le táillí ollscoile mar gur ardaigh an rialtas na táillí le déanaí	*Students and parents are greatly under pressure regarding university fees because the government raised the fees recently*
Bhí raic ar na sráideanna nuair a chuaigh na mic léinn ollscoile ag máirseáil	*There was trouble on the streets when the university students went marching*
Ach ní mór dúinn bheith dóchasach agus, mar a deir an seanfhocal, mol an óige agus tiocfaidh sí	*But we must be hopeful and as the proverb says praise youth and it will thrive*

AN CÓRAS SLÁINTE (*The health system*)

Is í tuairim an-chuid daoine go bhfuil an córas sláinte ina phraiseach	*It is the opinion of many people that the health system is a mess*
Níl muintir na tíre sásta leis an gcóras sláinte le cúpla bliain anuas	*The people of the country have not been happy with the health system in recent years*
Bíonn an Roinn Éigeandála agus Timpiste lán i gcónaí le daoine ag fanacht	*The Accident and Emergency Department is always full with people waiting*
Tá na hospidéil go mór faoi bhrú	*The hospitals are under great pressure*
Níl a ndóthain spáis ná leapacha ann do na hothair sna bardaí	*There is not enough space or beds for the patients in the wards*
Bíonn ar othair fanacht tréimhsí fada chun áit a fháil sna hospidéil	*Patients have to wait long periods of time to get a place in hospitals*
Is é / í … an tAire Sláinte agus tá post deacair aige / aici	*… is the Minister for Health and he / she has a difficult job*
Deirtear go bhfuil go leor airgid sa chóras sláinte ach go bhfuil fadhb ann maidir leis an riarachán	*It is said that there is enough money in the health system but that there is a problem with administration*
Oibríonn na haltraí agus na dochtúirí go dian sna hospidéil ach bíonn siad faoi bhrú	*The nurses and the doctors work hard in the hospitals but they are under pressure*
Tá infheistíocht ag teastáil chun córas maith a chruthú	*Investment is needed to create a good system*

An Ghaeilge agus an Ghaeltacht

Is minic a bhíonn an t-ábhar seo á phlé sna meáin	*This topic is often discussed in the media*
Ceapann daoine áirithe go bhfuil an Ghaeilge ar a cosa deiridh	*Some people think that Irish is on its last legs*
Ach ceapann daoine eile go bhfuil an Ghaeilge ag fás agus ag forbairt mar theanga	*But other people think that Irish is growing and developing as a language*
Baineann teanga le spiorad agus anam na tíre	*Language has to do with the spirit and soul of the country*
Is cuid dár gcultúr í an Ghaeilge	*Irish is part of our culture*
Baineann cultúr le ceol, teanga, scéalaíocht, cluichí, nósanna agus rudaí eile	*Culture has to do with music, language, storytelling, games, customs and other things*
Téann na mílte duine óg go dtí na ceantair Ghaeltachta chun tréimhse a chaitheamh i gcoláistí samhraidh chun feabhas a chur ar a gcuid Gaeilge	*Thousands of young people go to the Gaeltacht regions to spend time in summer colleges to improve their Irish*
Chomh maith leis sin tá méadú ollmhór tagtha ar líon na ndaltaí atá ag freastal ar Ghaelscoileanna ar fud na tíre	*As well as this there has been a big increase in the number of students who are attending Irish schools around the country*
Is teanga oifigiúil í an Ghaeilge san Aontas Eorpach	*Irish is an official language of the European Union*
Beatha teanga í a labhairt	*A language must be spoken to survive*

Spórt (*Sport*)

Is caitheamh aimsire breá sláintiúil é	*It is a healthy hobby*
Laghdaíonn an spórt strus sa saol nua-aimseartha	*Sport decreases stress in the modern world*
Cothaíonn sé cairdeas agus comhluadar i measc daoine, idir óg agus aosta	*It cultivates friendship and company among people, both young and old*
Murach an spórt sna scoileanna bheadh an-chuid daoine leisciúil	*If it wasn't for sport in schools people would be very lazy*
Tá daltaí áirithe ann nach mbacann leis an spórt ar chor ar bith	*There are certain students who do not bother with sport at all*
Chomh maith leis sin bíonn easpa áiseanna i scoileanna áirithe	*As well as this there is a lack of facilities in certain schools*
Is fiú infheistíocht a dhéanamh in áiseanna spóirt	*It is worth investing in sports facilities*
Ach cloisimid go mbíonn mí-úsáid drugaí sa spórt	*However we hear that there is drug misuse in sport*
Úsáideann lúthchleasaithe drugaí chun luas agus neart a fheabhsú	*Athletes use drugs to improve speed and strength*
Is tionscal mór é an spórt sa lá atá inniu ann agus cuireann na comhlachtaí móra urraíocht ar fáil do lúthchleasaithe agus faigheann na himreoirí gairmiúla an-chuid airgid	*Sport is a big industry in today's world and the big companies provide sponsorship for athletes and the professional players get a lot of money*

AN TIMPEALLACHT (*The environment*)

Is rud luachmhar í an timpeallacht agus ní mór dúinn aire a thabhairt di	*The environment is a valuable thing and we must take care of it*
Ciallaíonn an timpeallacht ...	*The environment means ...*
na farraigí	*the seas*
na sléibhte	*the mountains*
na páirceanna	*the parks*
na coillte	*the woods*
an t-aer	*the air*
dúlra	*nature*
Déantar dochar don timpeallacht gach lá	*Harm is done to the environment every day*
Truaillíonn ceimicí nimhiúla a thagann ó mhonarchana an t-aer	*Poisonous chemicals from factories pollute the air*
Maraítear éisc sna haibhneacha le dramhaíl a théann isteach iontu	*Fish are killed in the rivers with waste that flows into them*
Is baol iad carranna don timpeallacht freisin	*Cars are a threat to the environment also*
Is minic a bhíonn bóithre go dona le trácht ag amanna áirithe i rith an lae	*Roads are often congested with traffic at certain times during the day*
Tá muintir na tíre ag déanamh iarrachta busanna, traenacha agus rothair a úsáid, rud a laghdóidh an trácht	*The people of the country are trying to use buses, trains and bikes, something that will reduce traffic*
Uaireanta léiríonn daoine drochmheas ar an timpeallacht	*Sometimes people show disrespect for the environment*
Ní gá ach féachaint ar an mbruscar ar na sráideanna salacha ar fud na gcathracha	*One only has to look at the litter on the dirty streets around the cities*

SÍOCHÁIN / EASPA SÍOCHÁNA (*Peace / lack of peace*)

Is coincheap an-tábhachtach í an tsíocháin	*Peace is a very important concept*
Cheapfá go mbeadh síocháin ag teastáil ó dhaoine ach a mhalairt ar fad a bhíonn fíor go minic	*You would think that people want peace but often the opposite is the case*
Is minic a chloisimid faoi chogaí agus easaontas ar fud an domhain	*We often hear about war and disagreement around the world*
Is minic gurb é an talamh is cúis le foréigean	*Land is often the cause of violence*
Más féidir teacht ar shíocháin beidh an domhan níos fearr mar áit	*If peace can be reached the world would be a better place*
Bíonn daoine ag fulaingt nuair a bhíonn cogaí ar siúl	*People suffer when wars occur*
Bíonn impleachtaí ann don chuid eile den domhan freisin	*There are implications for the other parts of the world too*
Is minic a mhaireann easpa síochána ar feadh na mblianta	*A lack of peace often exists for years*
Ba chóir dúinn cogadh a chur ar an mhéar fhada agus féachaint chuige go mbíonn an domhan síochánta	*We should defer war and see to it that the world is peaceful*
Fad is a bhíonn cogadh, bagairt agus sceimhlitheoireacht sa domhan ní bheidh síocháin againn	*As long as there is war, threat and terrorism in the world we will not have peace*

SEANDAOINE (*Old people*)

Tá athrú mór ar an saol ó bhí na seandaoine seo óg	*Life has changed greatly since these old people were young*
Is bunchloch iad na seandaoine sa tsochaí	*Old people are the foundation rock of society*
Tá líon na seandaoine sa tsochaí ag méadú	*The number of old people in society is increasing*
Ba cheart go mbeadh meas againn ar sheandaoine	*We should respect old people*
Chaith siad na blianta fada ag obair agus ag íoc cánacha	*They spent long years working and paying taxes*
Tá sé dochreidte go mbíonn seandaoine éagsúla fós ag fáil báis den ocras agus den fhuacht in áiteanna ar fud na tíre	*It is unbelievable that there still are some old people dying of hunger and cold in places all around the country*
Is fadhb uafásach é an t-uaigneas i saol daoine sa lá atá inniu ann	*Loneliness is a terrible problem in today's world*
Tá sé de dhualgas orainn aire a thabhairt do sheandaoine	*It is our duty to take care of old people*
Bíonn seandaoine buartha freisin faoi fhadhb na coiriúlachta timpeall na tíre	*Old people are also worried about the problem of crime around the country*
Is minic a bhíonn eagla / scanradh / faitíos orthu dul amach san oíche	*They are often afraid to go out at night*

AN TURASÓIREACHT (*Tourism*)

Is gnó mór í an turasóireacht	*Tourism is a big business*
Tagann turasóirí go dtí an tír seo ó gach cearn den domhan	*Tourists come to this country from every corner of the world*
Tá cáil ar an tír seo mar thír chairdiúil	*This country has a reputation as a friendly country*
Cuireann muintir na tíre fáilte roimh chuairteoirí de ghnáth	*The people of Ireland usually welcome visitors*
Caitheann na mílte turasóir an-chuid airgid sa tír, i siopaí, i dtithe tábhairne, in óstáin	*Thousands of tourists spend a lot of money in the country in shops, in pubs, in hotels*
Is fiú daoine a mhealladh go dtí an tír seo	*It is worth encouraging people to this country*
Téann muintir na hÉireann thar lear gach bliain	*Irish people go abroad every year*
Téann siad go dtí an Spáinn, an Fhrainc agus go leor áiteanna eile	*They go to Spain, France and a lot of other places*
Caitheann siad an t-uafás airgid thar lear	*They spend a huge amount of money abroad*
Cuireann na hionaid turasóireachta seo fáilte romhainn	*The tourist locations welcome us*

NA MEÁIN CHUMARSÁIDE (*Media*)

Níl aon dabht ach go bhfuil tionchar an-mhór ag na meáin chumarsáide orainn	*There is no doubt that the media have a big influence on us*
Is féidir a rá go múnlaíonn na meáin an meon agus an dearcadh a bhíonn ag daoine	*One can say that the media mould the mindset and outlook that people have*
Níl lá dá dtéann tharainn nach gcloisimid scéal mór sna meáin	*There isn't a day that goes by that we do not hear a big story in the media*
Tá cumhacht ag na meáin dearcadh an phobail a mhúnlú agus a athrú	*The media have power to mould the outlook of the people and to change it*
Anois is arís téann siad thar fóir le scéalta áirithe	*Now and again they go overboard with various stories*
Tuigeann polaiteoirí an chumhacht a bhíonn ag na meáin gan dabht	*Politicians understand the power that the media have*
Is féidir leis na meáin dochar nó damáiste a dhéanamh	*The media can do a lot of harm and damage*
Is minic a bhíonn tuairisceoirí, grianghrafadóirí agus iriseoirí ag fanacht chun scéal mór a fháil faoi réaltaí scannán, peileadóirí gairmiúla, polaiteoirí agus daoine mar iad	*Reporters, photographers and journalists often wait to get a big story about film stars, professional football players, politicians and others like them*
Is fíor a rá freisin nach mbíonn an fhírinne iomlán sna scéalta seo	*One can also say that it is not always the truth that is in these stories*
Is minic a oibríonn iriseoirí agus grianghrafadóirí go dian chun scéalta tábhachtacha a chur os ár gcomhair	*Often journalists and photographers work hard to bring important stories to us*

Bileog oibre

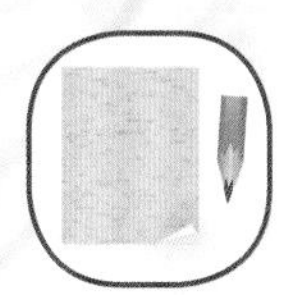

- Cad iad na fadhbanna atá sa tír seo i do thuairim?

- Cén fáth a bhfuil fadhb againn sa tír maidir le timpistí bóthair?

- Cad í do thuairim faoin tsíocháin ar fud an domhain?

- An bhfuil suim agat sa pholaitíocht?

- Déan cur síos ar an gcúlú eacnamaíochta atá sa tír faoi láthair.

- Cad é do thuairim faoin gcóras oideachais agus faoi chóras na bpointí?

- Cén sórt saoil a bhíonn ag déagóirí an lae inniu?

- An rud maith é an spórt?

- An bhfuil an timpeallacht slán?

- An dtugaimid aire mhaith do sheandaoine?

- An bhfuil an turasóireacht tábhachtach don tír seo?

- Conas a bhíonn cumhacht (*power*) ag na meáin chumarsáide?

Seanfhocail

Is binn béal ina thost	*Silence is golden*
Is ait an mac an saol é	*Life is strange*
Múineann gá seift	*Necessity is the mother of invention*
Tosach maith leath na hoibre	*A good start is half the work*
Ní féidir an seanfhocal a shárú	*It's hard to beat the proverb*
An té nach bhfuil láidir ní foláir dó a bheith glic	*He who is not strong must be cute*
Mol an óige agus tiocfaidh sí	*Praise youth and it will blossom*
Cáin an óige agus titfidh sí	*Criticise youth and it will falter*
Is deacair ceann críonna a chur ar cholainn óg	*It's hard to put an old head on young shoulders*
Ní thagann ciall roimh aois	*Age comes before sense*
Is fearr beagán cúnaimh ná mórán trua	*A little help is better than a lot of pity*
Is fearr an tsláinte ná an táinte	*Health is better than wealth*
Bíonn dhá insint ar gach scéal	*There are two sides to every story*
Is fearr déanach ná ródhéanach	*Better late than never*
Is minic a bhris béal duine a shrón	*A person's mouth often gets him / her into trouble*
Filleann an feall ar an bhfeallaire	*What goes around comes around*
Is fearr cara sa chúirt ná punt i do sparán	*A friend is better than money in your purse*
Is minic ciúin ciontach	*Silence can often show guilt*
Giorraíonn beirt bóthar	*Time flies with company*
Déan do mhargadh de réir do sparáin	*Live your life according to your resources*
Ní bhíonn in aon rud ach seal	*Nothing in life is permanent*
Ní bhíonn saoi gan locht	*Not even an expert is without fault / Nobody is perfect*
Bíonn an fhírinne searbh i gcónaí	*The truth always hurts*
Ní mar a shíltear a bhítear	*Life is not always as you think*
An rud is annamh is iontach	*What happens seldom is wonderful*
Déanann taithí máistreacht	*Practice makes perfect*
Níl aon thinteán mar do thinteán féin	*There is no place like home*
An té a bhíonn siúlach bíonn sé scéalach	*He who travels has plenty to tell*
Beatha teanga, í a labhairt	*A language must be spoken to live*
Tír gan teanga, tír gan anam	*A country without a language has no soul*
Briseann an dúchas trí shúile an chait	*It's not off the ground he licked it*
I ndiaidh a chéile a thógtar na caisleáin	*One day at a time*
Aithníonn ciaróg ciaróg eile	*It takes one to know one*
Is glas iad na cnoic i bhfad uainn	*The faraway hills are green*
An té nach mbeireann ar a ghnó beireann a ghnó air	*Keep up with your work or it will be the downfall of you*

3 Gramadach

An Aimsir Chaite

Consain (*consonant*) + h (séimhiú)
Mar shampla: cuir = chuir, dún = dhún mé, tú, sé, sí, sibh, siad

Guta (*vowel*) + d'
Mar shampla: ól = d'ól, ith = d'ith / oscail = d'oscail mé, tú, sé, sí, sibh, siad

f + (d' + h)
Mar shampla: fan = d'fhan, féach = d'fhéach, fág = d'fhág mé, tú, sé, sí, sibh, siad

sinn (*we*)

-amar	**-eamar**
Leathan + siolla amháin (*broad + one syllable*)	Caol + siolla amháin *(slender + one syllable)*

-aíomar	**-íomar**
Leathan + dhá shiolla (*broad + two syllables*)	Caol + dhá shiolla *(slender + two syllables)*

Níor + h (séimhiú) **ar + h** **nár + h** **gur + h**
Eisceachtaí: ní + h, an + urú, nach + urú leis na briathra neamhrialta: abair, bí, feic, faigh, déan, téigh

Ní chuirtear aon rud ar bhriathra a thosaíonn le guta (*nothing on a verb that starts with a vowel*).

Anois líon na bearnaí.
Mar shampla: **bris (break)** **bhris mé** **níor bhris tú** **bhriseamar**

An briathar	**mé**	**tú**	**sinn**
ainmnigh (name)			
aithin (recognise)			
aontaigh (agree)			
bailigh (collect)			
beannaigh (greet)			
beartaigh (plan)			
brostaigh (hurry)			
buail (hit)			
caill (lose)			
caith (spend / throw / wear)			

can (sing)			
caoin (cry)			
cas (turn)			
ceannaigh (buy)			
ceap (think)			
críochnaigh (finish)			
cuimhnigh (remember)			
cuir (put)			
cum (compose)			
deisigh (fix)			
díol (sell)			
dóigh (burn)			
dúisigh (wake up)			
dún (close)			
éirigh (get up)			
fág (leave)			
fan (wait / stay)			
féach (look)			
fill (return)			
foghlaim (learn)			
foilsigh (publish)			
fulaing (suffer)			
gearr (cut)			
glan (clean)			
íoc (pay)			
iompaigh (turn)			
ith (eat)			
léigh (read)			
léim (jump)			
líon (fill)			
maisigh (decorate)			
meall (coax)			
mínigh (explain)			
mol (praise)			
múch (extinguish)			
múin (teach)			
nigh (wash)			

oibrigh (work)			
ól (drink)			
póg (kiss)			
preab (bounce)			
rith (run)			
scríobh (write)			
scuab (sweep)			
seas (stand)			
smaoinigh (think of)			
suigh (sit)			
tit (fall)			
tóg (take)			
tosaigh (start)			
ullmhaigh (prepare)			

Eisceachtaí (*exceptions*)

aithin (recognise)	d'aithin mé	níor aithin tú	d'aithníomar
ceangail (tie)	cheangail mé	níor cheangail tú	cheanglaíomar
codail (sleep)	chodail mé	níor chodail tú	chodlaíomar
eitil (fly)	d'eitil mé	níor eitil tú	d'eitlíomar
inis (tell)	d'inis mé	níor inis tú	d'insíomar
iompair (carry)	d'iompair mé	níor iompair tú	d'iompraíomar
labhair (speak)	labhair mé	níor labhair tú	labhraíomar
oscail (open)	d'oscail mé	níor oscail tú	d'osclaíomar

Briathra Neamhrialta

abair	dúirt mé	ní dúirt tú	dúramar
bí	bhí mé	ní raibh tú	bhíomar
feic	chonaic	ní fhaca tú	chonaiceamar
faigh	fuair mé	ní bhfuair tú	fuaireamar
déan	rinne mé	ní dhearna tú	rinneamar
téigh	chuaigh mé	ní dheachaigh tú	chuamar
clois	chuala mé	níor chuala tú	chualamar
tar	tháinig mé	níor tháinig tú	thángamar
ith	d'ith mé	níor ith tú	d'itheamar
tabhair	thug mé	níor thug tú	thugamar
beir	rug mé	níor rug tú	rugamar

Scríobh i nGaeilge.

1 I heard the news this morning at eight o'clock.

2 I was at the concert last year in Dublin.

3 I got a present from my friend last weekend.

4 I did not do my homework last night because I was sick.

5 I did not go to the match because I had too much homework.

6 We came home together after the meeting.

7 We ate a fine big meal at the party last weekend.

8 I gave a present to my friend on her birthday.

9 I said to him that I was late.

10 I was not sick at all last year.

Déan iarracht iad seo a líonadh anois gan féachaint ar na nótaí thuas.

Eisceachtaí (*exceptions*)

aithin	d'aithin mé	níor aithin tú	d'aithníomar
ceangail			
codail			
eitil			
inis			
iompair			
labhair			
oscail			

Briathra Neamhrialta

abair	dúirt mé	ní dúirt tú	dúramar
bí			
feic			
faigh			
déan			
téigh			
clois			
tar			
ith			
tabhair			
beir			

An Aimsir Láithreach

Cuirtear críoch leis na briathra (*add an ending to the verb in this tense*).

	Leathan	**Caol**
mé	-aim	-im
sinn	-aimid	-imid
tú, sé, sí	-ann siolla amháin (*one syllable*)	-eann siolla amháin
sibh / siad	-aíonn dhá shiolla (*two syllables*)	-íonn dhá shiolla

Ní + h (séimhiú) **an + urú** **nach + urú**

Ní chuirtear aon rud ar ghuta (*nothing on a vowel*) ach amháin tar éis 'nach' – 'Nach n-itheann ...?'

Anois líon na bearnaí.

Mar shampla: **bris (break)** **brisim** **ní bhriseann tú** **brisimid**

An briathar	mé	tú	sinn
ainmnigh (name)			
aithin (recognise)			
aontaigh (agree)			
bailigh (collect)			
beannaigh (greet)			
beartaigh (plan)			
brostaigh (hurry)			
buail (hit)			
caill (lose)			
caith (spend / throw / wear)			
can (sing)			
caoin (cry)			
cas (turn)			
ceannaigh (buy)			
ceap (think)			
críochnaigh (finish)			
cuimhnigh (remember)			
cuir (put)			
cum (compose)			
deisigh (fix)			
díol (sell)			
dóigh (burn)			
dúisigh (wake up)			
dún (close)			
éirigh (get up)			
fág (leave)			
fan (wait / stay)			
féach (look)			
fill (return)			
foghlaim (learn)			
foilsigh (publish)			
fulaing (suffer)			
gearr (cut)			
glan (clean)			
íoc (pay)			

iompaigh (turn)			
ith (eat)			
léigh (read)			
léim (jump)			
líon (fill)			
maisigh (decorate)			
meall (coax)			
mínigh (explain)			
mol (praise)			
múch (extinguish)			
múin (teach)			
nigh (wash)			
oibrigh (work)			
ól (drink)			
póg (kiss)			
preab (bounce)			
rith (run)			
scríobh (write)			
scuab (sweep)			
seas (stand)			
smaoinigh (think of)			
suigh (sit)			
tit (fall)			
tóg (take)			
tosaigh (start)			
ullmhaigh (prepare)			

Briathra Neamhrialta

abair	deirim	deir sé	ní deir sí	deirimid
bí	táim / bím	tá / bíonn sé	níl / ní bhíonn sí	táimid / bimíd
feic	feicim	feiceann sé	ní fheiceann sí	feicimid
faigh	faighim	faigheann sé	ní fhaigheann sí	faighimid
déan	déanaim	déanann sé	ní dhéanann sí	déanaimid
téigh	téim	téann sé	ní théann sí	téimid
clois	cloisim	cloiseann sé	ní chloiseann sí	cloisimid
tar	tagaim	tagann sé	ní thagann sí	tagaimid
ith	ithim	itheann sé	ní itheann sí	ithimid
tabhair	tugaim	tugann sé	ní thugann sí	tugaimid
beir	beirim	beireann sé	ní bheireann sí	beirimid

Scríobh i nGaeilge.

1 He says his prayers every morning at seven o'clock.

2 He is there every evening to help us.

3 I go training after school every Thursday and Friday.

4 She is sick in hospital at the moment.

5 He sees those people from time to time.

6 I get pocket money every week from my parents.

7 I don't study every night because I get a lot of homework.

8 I go out with my friends at the weekend when I have permission.

9 I come to school every morning on the school bus with my friends.

10 I eat a tasty sandwich every day for lunch at one o'clock.

Déan iarracht é seo a líonadh anois gan féachaint ar na nótaí thuas.

Briathra Neamhrialta

abair	deirim	deir sé	ní deir sí	deirimid
bí				
feic				
faigh				
déan				
téigh				
clois				
tar				
ith				
tabhair				
beir				

An Aimsir Fháistíneach

mé, tú, sé, sí, sibh, siad
faidh / fidh
leathan + siolla amháin (*broad + one syllable*)
caol + siolla amháin (*slender + one syllable*)

óidh / eoidh
leathan + dhá shiolla (*broad + two syllables*)
caol + dhá shiolla (*slender + two syllables*)

sinn
faimid / fimid
leathan + siolla amháin (*broad + one syllable*)
caol + siolla amháin (*slender + one syllable*)

óimid / eoimid
leathan + dhá shiolla (*broad + two syllables*)
caol + dhá shiolla (*slender + two syllables*)

ní + h (séimhiú) **an + urú** **nach + urú**
Ní chuirtear aon rud ar ghuta (*nothing on a vowel*) ach amháin tar éis 'nach' – 'Nach n-ólfaidh ...?'

Anois líon na bearnaí.
Mar shampla: **bris (break)** **brisfidh mé** **ní bhrisfidh tú** **brisfimid**

An briathar	**mé**	**tú**	**sinn**
ainmnigh (name)			
aithin (recognise)			
aontaigh (agree)			
bailigh (collect)			
beannaigh (greet)			
beartaigh (plan)			
brostaigh (hurry)			
buail (hit)			
caill (lose)			
caith (spend / throw / wear)			
can (sing)			
caoin (cry)			
cas (turn)			
ceannaigh (buy)			
ceap (think)			

críochnaigh (finish)			
cuimhnigh (remember)			
cuir (put)			
cum (compose)			
deisigh (fix)			
díol (sell)			
dóigh (burn)			
dúisigh (wake up)			
dún (close)			
éirigh (get up)			
fág (leave)			
fan (wait / stay)			
féach (look)			
fill (return)			
foghlaim (learn)			
foilsigh (publish)			
fulaing (suffer)			
gearr (cut)			
glan (clean)			
íoc (pay)			
iompaigh (turn)			
ith (eat)			
léigh (read)			
léim (jump)			
líon (fill)			
maisigh (decorate)			
meall (coax)			
mínigh (explain)			
mol (praise)			
múch (extinguish)			
múin (teach)			
nigh (wash)			
oibrigh (work)			
ól (drink)			
póg (kiss)			
preab (bounce)			
rith (run)			

scríobh (write)			
scuab (sweep)			
seas (stand)			
smaoinigh (think of)			
suigh (sit)			
tit (fall)			
tóg (take)			
tosaigh (start)			
ullmhaigh (prepare)			

Briathra Neamhrialta

abair	déarfaidh mé	déarfaimid	ní déarfaidh sé
bí	beidh mé	beimid	ní bheidh sé
feic	feicfidh mé	feicfimid	ní fheicfidh sé
faigh	gheobhaidh mé	gheobhaimid	ní bhfaighidh sé
déan	déanfaidh mé	déanfaimid	ní dhéanfaidh sé
téigh	rachaidh mé	rachaimid	ní rachaidh sé
clois	cloisfidh mé	cloisfimid	ní chloisfidh sé
tar	tiocfaidh mé	tiocfaimid	ní thiocfaidh sé
ith	íosfaidh mé	íosfaimid	ní íosfaidh sé
tabhair	tabharfaidh mé	tabharfaimid	ní thabharfaidh sé
beir	béarfaidh mé	béarfaimid	ní bhéarfaidh sé

Scríobh i nGaeilge.

1 I will get a present from my parents on my birthday.

____

2 I will say that to him when I see him.

____

3 I will go to Trinity College if I get the points.

____

4 I will do a lot of study from now on.

____

5 I will hear the story tonight from my friend on Facebook.

____

6 He will come to the dance with me at the end of the year.

____

7 I will eat a nice meal when I go home tonight.

____

8 I will give her a present when I get money from the bank.

____

9 I will not say a word to him about that sad story.

____

10 I will not eat before my swimming class.

____

Déan iarracht é seo a líonadh anois gan féachaint ar na nótaí thuas.

Briathra Neamhrialta

abair	déarfaidh mé	déarfaimid	ní déarfaidh sé
bí			
feic			
faigh			
déan			
téigh			
clois			
tar			
ith			
tabhair			
beir			

Modh Coinníollach

Consain (*consonant*) + h (séimhiú)
Mar shampla: cuir = chuirfinn, dún = dhúnfainn, dhúnfá, dhúnfadh sé / sí, dhúnfaimis, dhúnfadh sibh, dhúnfaidís

Guta (*vowel*) + d'
Mar shampla: ól = d'ólfainn, oscail = d'osclóinn

F + (d' + h)
Mar shampla: fan = d'fhanfainn, féach = d'fhéachfainn

leathan (*broad*) **siolla amháin (*one syllable*)**	**caol (*slender*)** **siolla amhain (*one syllable*)**
-fainn (ghlanfainn)	-finn (chuirfinn)
-fá (ghlanfá)	-feá (chuirfeá)
-fadh sé / sí (ghlanfadh sé / sí)	-feadh sé / sí (chuirfeadh sé / sí)
-faimis (ghlanfaimis)	-fimis (chuirfimis)
-fadh sibh (ghlanfadh sibh)	-feadh sibh (chuirfeadh sibh)
-faidís (ghlanfaidís)	-fidís (chuirfidís)

leathan (*broad*) **dhá shiolla (*two syllables*)**	**caol (*slender*)** **dhá shiolla (*two syllables*)**
-óinn (cheartóinn)	-eoinn (bhaileoinn)
-ófá (cheartófá)	-eofá (bhaileofá)
-ódh sé / sí (cheartódh sé / sí)	-eodh sé / sí (bhaileodh sé / sí)
-óimis (cheartóimis)	-eoimis (bhaileoimis)
-ódh sibh (cheartódh sibh)	-eodh sibh (bhaileodh sibh)
-óidís (cheartóidís)	-eoidís (bhaileoidís)

ní + h (séimhiú) **an + urú** **nach + urú**
Ní chuirtear aon rud ar ghuta (*nothing on a vowel*) ach amháin tar éis 'nach' – 'Nach n-ólfainn ...?'

Anois líon na bearnaí.
Mar shampla: **bris (break)** **bhrisfinn** **ní bhrisfeá** **bhrisfimís**

An briathar	**mé**	**tú**	**sinn**
ainmnigh (name)			
aithin (recognise)			
aontaigh (agree)			
bailigh (collect)			
beannaigh (greet)			
beartaigh (plan)			
brostaigh (hurry)			
buail (hit)			

caill (lose)			
caith (spend / throw / wear)			
can (sing)			
caoin (cry)			
cas (turn)			
ceannaigh (buy)			
ceap (think)			
críochnaigh (finish)			
cuimhnigh (remember)			
cuir (put)			
cum (compose)			
deisigh (fix)			
díol (sell)			
dóigh (burn)			
dúisigh (wake up)			
dún (close)			
éirigh (get up)			
fág (leave)			
fan (wait / stay)			
féach (look)			
fill (return)			
foghlaim (learn)			
foilsigh (publish)			
fulaing (suffer)			
gearr (cut)			
glan (clean)			
íoc (pay)			
iompaigh (turn)			
ith (eat)			
léigh (read)			
léim (jump)			
líon (fill)			
maisigh (decorate)			
meall (coax)			
mínigh (explain)			

mol (praise)			
múch (extinguish)			
múin (teach)			
nigh (wash)			
oibrigh (work)			
ól (drink)			
póg (kiss)			
preab (bounce)			
rith (run)			
scríobh (write)			
scuab (sweep)			
seas (stand)			
smaoinigh (think of)			
suigh (sit)			
tit (fall)			
tóg (take)			
tosaigh (start)			
ullmhaigh (prepare)			

Briathra Neamhrialta

abair	déarfainn	déarfadh sé	déarfaimis	ní déarfaidís
bí	bheinn	bheadh sé	bheimis	ní bheidís
feic	d'fheicfinn	d'fheicfeadh sé	d'fheicfimis	ní fheicfidís
faigh	gheobhainn	gheobhadh sé	gheobhaimis	ní bhfaighidís
déan	dhéanfainn	dhéanfadh sé	dhéanfaimis	ní dhéanfaidís
téigh	rachainn	rachadh sé	rachaimis	ní rachaidis
clois	chloisfinn	chloisfeadh sé	chloisfimis	ní chloisfidís
tar	thiocfainn	thiocfadh sé	thiocfaimis	ní thiocfaidís
ith	d'íosfainn	d'íosfadh sé	d'íosfaimis	ní íosfaidís
tabhair	thabharfainn	thabharfadh sé	thabharfaimis	ní thabharfaidís
beir	bhéarfainn	bhéarfadh sé	bhéarfaimis	ní bhéarfaidís

Scríobh i nGaeilge.

1 The teacher would say that to me if she had a chance.

2 He would be thrilled with that news.

3 I would be happy with that course in university.

4 He would see the game on television if it were working.

5 I would get a part-time job if I had the chance during the summer.

6 I would do that course in history if I had the points.

7 He would hear the news on the radio in the car if he turned it on.

8 They would come with me if they had tickets.

9 I would eat a big lunch if I had an exam on that day.

10 I would help my mother with the housework if I had the time.

Déan iarracht é seo a líonadh anois gan féachaint ar na nótaí thuas.

Briathra Neamhrialta

abair	déarfainn	déarfadh sé	déarfaimis	ní déarfaidís
bí				
feic				
faigh				
déan				
téigh				
clois				
tar				
ith				
tabhair				
beir				

Seasca Ceist

Bí cinnte go bhfuil tú in ann na ceisteanna seo a fhreagairt.

1. Cad is ainm duit?
2. Cén aois tú?
3. Cá bhfuil cónaí ort?
4. Inis dom faoi do mhuintir.
5. Inis dom faoi do cheantar.
6. Déan cur síos ar do theach.
7. An ndéanann tú obair tí?
8. An dtaitníonn an scoil seo leat?
9. Cén t-ábhar scoile is fearr / nach maith leat?
10. Cad iad rialacha na scoile seo?
11. An imríonn tú spórt?
12. An bhfuil caitheamh aimsire agat?
13. An maith leat an Ghaeilge?
14. An raibh tú riamh sa Ghaeltacht?
15. Cad iad na háiseanna atá sa scoil seo?
16. An raibh tú sona sa scoil seo?
17. Cad a itheann tú don lón gach lá?
18. Déan cur síos ar an gcara is fearr atá agat.
19. Cad ba mhaith leat a dhéanamh an bhliain seo chugainn?
20. An bhfuil tú gnóthach i mbliana?
21. Ar léigh tú leabhar le déanaí?
22. An raibh tú ag an bpictiúrlann le déanaí?
23. Conas a thagann tú ar scoil gach lá?
24. Cad a rinne tú nuair a dhúisigh tú ar maidin?
25. Cad a dhéanann tú gach maidin?
26. Cad a dhéanfaidh tú nuair a rachaidh tú abhaile inniu?
27. Cad a dhéanfaidh tú an deireadh seachtaine seo chugainn?
28. Cá ndeachaigh tú ar laethanta saoire anuraidh?
29. Déan cur síos ar an tsaoire sin.
30. Cá rachaidh tú an samhradh seo chugainn?
31. An raibh post páirtaimseartha agat riamh?
32. Déan cur síos ar an obair a rinne tú.
33. An ndearna tú an idirbhliain?
34. An ndearna tú taithí oibre? Déan cur síos air.
35. Cén sórt bia a thaitníonn leat?
36. Cad a d'ith tú ar maidin do do bhricfeasta?
37. An bhfuil suim agat sa cheol?
38. An raibh tú riamh ag ceolchoirm?

39 An raibh tú riamh tinn?
40 Ar tharla timpiste duit?
41 An raibh / mbeidh cóisir agat nuair a bhí / bheidh tú ocht mbliana déag d'aois?
42 Cad a dhéanfá dá mbuafá an Crannchur Náisiúnta?
43 Cad a dhéanfá dá mbeifeá i do Thaoiseach?
44 An bhfuil suim agat i ríomhairí?
45 Cad é an clár teilifíse is fearr leat?
46 Ar chaith tú tréimhse faoin tuath riamh?
47 Cén sórt duine tú?
48 Déan cur síos ar do sheomra leapa féin.
49 An bhfuil múinteoir sa scoil seo a chuaigh i bhfeidhm ort?
50 Déan cur síos ar an gclár teilifíse is fearr leat.

Ábhair eile

51 Cad iad na fadhbanna atá sa tír seo?
52 An bhfuil saol deacair ag seandaoine?
53 Cad é do mheas ar an gcóras oideachais?
54 Cad a cheapann tú faoin gcóras sláinte?
55 An bhfuil fadhb againn sa tír seo maidir le drugaí agus alcól?
56 An bhfuil aon suim agat sa pholaitíocht?
57 An dtugann muintir na tíre aire don timpeallacht?
58 An bhfuil an turasóireacht tábhachtach don tír seo?
59 Cén sórt saoil a bhíonn ag daoine óga?
60 Cad é do mheas ar na meáin chumarsáide ar fud an domhain?

4 An Triail Chluastuisceana

TREOIR DON TRIAIL CHLUASTUISCEANA

- Beidh an Triail Chluastuisceana ina cuid chomhtháite de scrúdú scríofa, Páipéar 1 Ardleibhéal agus Gnáthleibhéal (*the aural listening test will be part of Paper 1 for both higher and ordinary level*).
- Tosóidh Páipéar 1 leis an Triail Chluastuisceana (*Paper 1 will start with the aural listening test*).
- Leanfar gan bhriseadh ansin leis an gcuid eile de Pháipéar 1 (*the rest of Paper 1 will then continue without a break in the exam*).
- Maireann an scrúdú seo fiche nóiméad (*this exam lasts 20 minutes*).
- Tá 10% (60 marc) den scrúdú Gaeilge ag dul don Chluastuiscint (*the Cluastuiscint is worth 10% of the Irish exam*).
- Cloisfidh tú Cuid A, Cuid B agus Cuid C. Cloisfidh tú dhá ghiota i ngach cuid (*you will hear Cuid A, Cuid B, Cuid C and within each section you will hear two pieces*): Cuid A = dhá fhógra; Cuid B = dhá chomhrá; Cuid C = dhá mhír nuachta.
- Cloisfidh tú gach rud faoi dhó (*you will hear all pieces twice*).
- Beidh an téip chéanna ann don Ardleibhéal agus don Ghnáthleibhéal (*there is a common tape for both higher and ordinary level*).
- Ach beidh ceisteanna difriúla ann don Ardleibhéal agus don Ghnáthleibhéal (*however, there are different questions for the higher and ordinary level*).
- Cloisfidh tú giota ó na canúintí difriúla (*you will hear pieces from the different dialects).*
- Ní mór duit do chuid freagraí a scríobh i nGaeilge (*you must write your answers in Irish*).
- Tá cead uimhreacha a scríobh i bhfigiúirí, mar shampla, 33 nó 45 (*you may write figures*).
- Ní gá duit freagraí fada a scríobh; freagair an cheist; ní gá eolas breise scríobh (*there is no need to write long answers; just answer the question asked; you do not have to give extra information that does not apply to the question*).
- Bain triail as gach ceist; ná fág ceist gan freagra fiú má bhíonn tú amhrasach faoin litriú nó faoin ngramadach (*always answer every question; never leave a blank even if you are unsure about spelling or grammer*).
- Tá sé an-tábhachtach an cheist a léamh sula gcloiseann tú na giotaí ar an téip; bí cinnte go léann tú iad go cúramach; bíonn sé an-deacair na ceisteanna a léamh nuair a bhíonn an téip ar siúl (*it is very important to read the questions before the tape starts; be sure to read them carefully; it is very difficult to read the question once the tape is playing*).
- Bí cinnte go bhfuil an scríbhneoireacht soiléir ionas go mbeidh an scrúdaitheoir in ann na freagraí a léamh (*be sure that your writing is neat so that the examiner can read it without difficulty*).

Ceisteanna

Tá sé fíorthábhachtach go dtuigeann tú brí na gceisteanna seo a leanas (*it is very important to understand the following questions*).

Cad / céard?	*What?*
Cé / Cén duine / Cé hiad?	*Who?*
Cé acu?	*Which of them?*
Cá / Cár / Cá háit / Cén áit?	*Where?*
Cé mhéad?	*How much / many?*
Cathain / Cén uair?	*When?*
Conas / Cén chaoi?	*How?*
Cén fáth / Tuige / Cad chuige?	*Why?*
Cén?	*Which?*
Cén sórt / cineál / saghas?	*What sort / type of?*
Cá fhad?	*How long?*
An mó?	*How many?*
Cárb as?	*Where from?*
Déan cur síos	*Describe*
Luaigh	*Mention*
Breac síos	*Jot down*
Ainmnigh	*Name*
Cén oíche?	*What night?*
Cén bhliain / lá / mhí?	*What year / day / month?*
Cad é an spriocdháta / dáta deireanach?	*What is the deadline / last date?*
Cén táille?	*What fee?*
Cé a sheol?	*Who launched?*
Cé a bhronn?	*Who awarded?*
Cén gaisce / éacht?	*What feat?*
Cén teideal?	*What title?*

Cén rogha?	*What choice?*
Cén duais?	*What prize?*
Cén aidhm?	*What aim?*
Cén ócáid?	*What occasion?*
Cén tionchar?	*What influence?*
Cén eagraíocht?	*What organisation?*
Cé a d'eisigh?	*Who issued?*
Cén laige?	*What weakness?*
Cén toradh?	*What result?*
Cén dream?	*What group?*
Cén socrú?	*What arrangement?*
Cén taithí?	*What experience?*
Cén seoladh?	*What address?*
Cén cháilíocht?	*What qualification?*
Cén chúis?	*What reason?*
Cén folúntas?	*What vacancy?*
Cén feachtas?	*What campaign?*
Cén tionscadal?	*What project?*
Cén coiste?	*What committee?*
Cén bhaint?	*What connection?*
Cén post?	*What job?*
Cén obair?	*What work?*
Cén cheist?	*What question?*
Cén tseirbhís?	*What service?*
Cén buntáiste?	*What advantage?*
Cén pháirt?	*What part?*
Cén comórtas?	*What competition?*
Cén gradam?	*What award?*
Cén cúram?	*What responsibility?*
Cén cuireadh?	*What invitation?*
Cén t-ábhar?	*What subject?*
Cén damáiste?	*What damage?*
Cén tairiscint?	*What offer?*
Cén pointe?	*What point?*
Cén ghairm bheatha?	*What career?*
Cén fhadhb?	*What problem?*
Cén t-eolas?	*What information?*

Logainmneacha

A, B, C

Abbey	An Mhainistir
Adamstown	Maigh Arnaí
Adare	Áth Dara
Aghamore	Achadh Mór
Aglish	An Eaglais
Anascaul	Abhainn an Scáil
Ard Pádraig	Ardpatrick
Ardagh	Ardach
Ardara	Ard an Rátha
Ardcrony	Ard Cróine
Ardee	Baile Átha Fhirdhia
Ardmore	Ard Mhór
Ardrahan	Ard Rathin
Ardrattin	Ard Aitinn
Arklow	An tInbear Mór
Ashbourne	Cill Dhéagláin
Ashford	Áth na Fuinseoige
Askamore	An Easca Mór
Athboy	Baile Átha Buí
Athenry	Baile Átha an Rí
Athgarvan	Áth Garbháin
Athlone	Baile Átha Luain
Athy	Baile Átha í
Aughinish	Eachinis
Aughrim	Eachroim
Avoca	Abhóca
Balbriggan	Baile Brigín
Ballina	Béal an Átha
Ballinasloe	Béal Átha na Sluaighe
Ballincollig	Béal an Chollaigh
Ballinrobe	Baile an Róba
Ballinskelligs	Baile an Sceilig
Ballinspittle	Béal Átha an Spidéil
Ballintober	Baile an Tobair
Ballybrittas	Baile Briotáis
Ballycastle	Baile an Chaistil
Ballyconneely	Baile Conaola
Ballyconnell	Béal Átha Chonaill
Ballyduff	An Baile Dubh
Ballyferriter	Baile an Fheirtéaraigh
Ballygarrett	Baile Ghearóid
Ballyhale	Baile Héil
Ballykeel	An Baile Caol
Ballykelly	Baile Uí Cheallaigh
Ballymeena	An Baile Meánach
Ballymoney	Baile Muine

Ballymore	An Baile Mór
Ballymote	Baile an Mhóta
Ballymurphy	Baile Uí Mhurchú
Ballyneill	Baile Uí Néill
Ballyvourney	Baile Bhuirne
Ballywilliam	Baile Liam
Belfast	Béal Feiriste
Belmullet	Béal an Mhuirthead
Belturbet	Béal Tairbirt
Blackcastle	An Caisleán Dubh
Blackrock	An Charraig Dhubh
Blackwater	An Abhainn Dhubh
Blackwood	An Choill Dhubh
Blanchardstown	Baile Bhlainséir
Blessington	Baile Coimín
Borris	An Bhuiríos
Bray	Bré
Bridgetown	Baile an Droichid
Brittas	Briotás
Bunbeg	An Bun Beag
Bunclody	Bun Clóidí
Buncrana	Bun Cranncha
Bundoran	Bun Dobhráin
Burren	Boirinn
Burtonport	Ailt an Chorráin
Caherdaniel	Cathair Dónall
Cahersiveen	Cathair Saidhbhín
Carna	Carna
Carraroe	An Cheathrú Rua
Cashel	Caiseal
Castlebar	Caisleán an Bharraigh
Castletown	Baile an Chaisleáin
Celbridge	Cill Droichid
Churchtown	Baile an Teampaill
Clarecastle	Droichead an Chláir
Clifden	An Clochán
Clonakilty	Cloich na Coillte
Clondalkin	Cluain Dolcáin
Clonee	Cluain Aodha
Clones	Cluain Eois
Clonroche	Cluain an Róistigh
Clonsilla	Cluain Saileach
Clontarf	Cluain Tarbh
Clontibret	Cluain Tiobrad
Cobh	Cóbh
Corrofin	Cora Finne
Courtown	Baile na Cúirte
Cranford	Áth an Chorráin
Crumlin	Cromghlinn
Curracloe	Currach Cló

D, E, F

Delgany	Deilgne
Derrybeg	Doirí Beaga
Dingle	Daingean
Donabate	Domhnach Bat
Downpatrick	Dún Pádraig
Drogheda	Droichead Átha
Drumshanbo	Droim Seanbhó
Dunboyne	Dún Búinne
Edenderry	Éadan Doire
Ennis	Inis
Enniscorthy	Inis Córthaidh
Enniskerry	Áth an Sceire
Enniskillen	Inis Ceithleann
Falcarragh	An Fál Carrach
Farranfore	An Fearann Fuar
Fermoy	Mainistir Fhear Maí
Foxford	Béal Easa

G, H, I

Glandore	Cuan Dor
Glen of Imail	Gleann Ó Máil
Glencolmcille	Gleann Cholm Cille
Glengarriff	An Gleann Garbh
Glanmire	Gleann Maghair
Glenamaddy	Gleann na Madadh
Glenties	Na Gleannta
Goleen	An Góilin
Gort	An Gort
Greystones	Na Clocha Liath
Gweedore	Gaoth Dobhair
Halfway House	Tigh Leath Slí
Helens Bay	Cuan Héilin
Hillsborough	Cromghlinn
Hollyford	Áth an Chuilinn
Hollyfort	Ráth an Chuilinn
Horseleap	Baile Átha an Urchair
Howth	Binn Éadair
Inch	An Inis
Inishcrone	Inis Crabhann
Iniskeen	Inis Caoin
Inistioge	Inis Tíog
Inveran	Indreabhán
Irishtown	An Baile Gaelach

J, K, L

Johnstown	Baile Sheáin
Johnswell	Tobar Eoin
Jonesborough	Baile an Chláir
Julianstown	Baile Iuiliáin
Kilcock	Cill Choca
Kanturk	Ceann Toirc
Kells	Ceanannas
Kilkee	Cill Chaoi
Kilkieran	Cill Chiaráin
Kill	An Chill
Killarney	Cill Áirne
Killashee	Cill na Sí
Killiney	Cill Iníon Léinin
Killorglin	Cill Orglan
Killybegs	Na Cealla Beaga
Kilmacthomas	Coill Mhic Thomáisín
Kilmore Quay	Cé na Cille Móire
Kilmore	An Chill Mhór
Kilmuckridge	Cill Mhucraise
Kilnaleck	Cill na Leice
Kilronan	Cill Rónáin
Kilrush	Cill Rois
Kinnegad	Cionn Átha Gad
Kinvarra	Cinn Mhara
Knockboy	An Cnoc Buí
Knocknagashel	Cnoc na gCaiseal
Lawrence town	Baile Labhráis
Leixlip	Léim an Bhradáin
Letterfrack	Leitir Fraic
Letterkenny	Leitir Ceanainn
Limerick Junction	Gabhal Luimnigh
Lisdoonvarna	Lios Dúin Bhearna
Lucan	Leamhcán

M, N, O

Macroom	Maigh Chromtha
Malahide	Mullach Íde
Mallow	Mala
Maynooth	Maigh Nuad
Midleton	Mainistir na Corann
Milford	Áth an Mhuilinn
Milltown	Baile an Mhuilinn
Miltown Malbay	Sráid na Cathrach
Moate	An Móta
Monkstown	Baile na Manach
Mullaghmore	An Mullach Mór
Naas	An Nás
Naul	An Aill
Navan	An Uaimh
Nenagh	An tAonach
New Ross	Ros Mhic Thriúin
Newbridge	An Droichead Nua
Newcastle	An Caisleán Nua
Newtownards	Baile Nua na hArda
Nobber	An Obair
Oldcastle	An Seanchaisleán
Omagh	Ómaigh
Omeath	Ó Méith
Oranmore	Órán Mór
Oughterard	Uachtar Ard
Oulart	An tAbhallort
Ovens	Na hUamhanna
Owenbeg	An Abhainn Bheag

P, R, S

Palmerstown	Baile Phámar
Parkmore	An Pháirc Mhór
Partickswell	Tobar Phádraig
Passage West	An Pasáiste
Peterswell	Tobar Pheadair
Portadown	Port an Dúnáin
Portarlington	Cúil an tSúdaire
Portmarnock	Port Mearnóg
Portnoo	An Port Nua

Portrush	Port Rois
Portsalon	Port an tSalainn
Portstewart	Port Stíobhaird
Portumna	Port Omna
Raheen	An Ráithin
Randalstown	Baile Raghnaill
Rathdangan	Ráth Daingin
Rathdowney	Ráth Domhnaigh
Rathdrum	Ráth Droma
Rathmore	An Ráth Mhór
Ratoath	Ráth Tó
Recess	Sraith Salach
Redcross	An Chrois Dhearg
Ring	An Rinn
Ringaskiddy	Rinn an Scidígh
Roosky	Rúscaigh
Roscrea	Ros Cré
Rosmuck	Ros Muc
Rosslare Harbour	Calafort Ros Láir
Rosslare	Ros Láir
Roundstone	Cloch na Rón
Roundwood	An Tóchar
Rush	An Ros
Sallins	Na Siolláin
Sandyford	Áth an Ghainimh
Santry	Seantrabh
Scarriff	An Scairbh
Shankill	Seanchill
Silverbridge	Béal Átha an Airgid
Silvermines	Béal Átha Gabhann
Skerries	Na Sceirí
Skibbereen	An Sciobairín
Skull	An Scoil
Slane	Baile Shláine
Slieveroe	Sliabh Rua
Swinford	Béal Átha na Muice
Swords	Sord

T, U, V

Tallaght	Tamhlacht
Templepatrick	Teampall Phádraig
The Curragh	An Currach
Thomastown	Baile Mhic Andáin
Thurles	Durlas
Tobermore	An Tobar Mór
Toormakeady	Tuar Mhic Éadaigh
Tralee	Trá Lí
Trim	Baile Átha Troim
Tuam	Tuaim
Tulla	An Tulach
Tullamore	Tulach Mhór
Urlingford	Áth na nÚrlainn
Ventry	Ceann Trá
Virginia	Achadh an Iúir

W, Y

Ward	An Barda
Westport	Cathair na Mart
Williamstown	Baile Liam
Youghal	Eochaill

CONTAETHA (*Counties*)

Cúige Laighean (*Leinster*)

Baile Átha Cliath	Contae Átha Cliath	*Dublin*
Ceatharlach	Contae Cheatharlach	*Carlow*
Cill Chainnigh	Contae Chill Chainnigh	*Kilkenny*
Cill Dara	Contae Chill Dara	*Kildare*
Cill Mhantáin	Contae Chill Mhantáin	*Wicklow*
An Iarmhí	Contae na hIarmhí	*Westmeath*
Laois	Contae Laoise	*Laois*
Loch Garman	Contae Loch Garman	*Wexford*
An Longfort	Contae Longfoirt	*Longford*
Lú	Contae Lú	*Louth*
An Mhí	Contae na Mí	*Meath*
Uíbh Fhailí	Contae Uíbh Fhailí	*Offaly*

Cúige Uladh (*Ulster*)

Aontroim	Contae Aontroma	*Antrim*
Ard Mhacha	Contae Ard Mhacha	*Armagh*
An Cabhán	Contae an Chabháin	*Cavan*
Doire	Contae Dhoire	*Derry*
An Dún	Contae an Dúin	*Down*
Dún na nGall	Contae Dhún na nGall	*Donegal*
Fear Manach	Contae Fhear Manach	*Fermanagh*
Muineachán	Contae Mhuineacháin	*Monaghan*
Tír Eoghain	Contae Thír Eoghain	*Tyrone*

Cúige Mumhan (*Munster*)

Ciarraí	Contae Chiarraí	*Kerry*
Clár	Contae an Chláir	*Clare*
Corcaigh	Contae Chorcaí	*Cork*
Luimneach	Contae Luimnigh	*Limerick*
Port Láirge	Contae Phort Láirge	*Waterford*
Tiobraid Árann	Contae Thiobraid Árann	*Tipperary*

Cúige Chonnacht (*Connacht*)

Gaillimh	Contae na Gaillimhe	*Galway*
Liatroim	Contae Liatroma	*Leitrim*
Maigh Eo	Contae Mhaigh Eo	*Mayo*
Ros Comáin	Contae Ros Comáin	*Roscommon*
Sligeach	Contae Shligigh	*Sligo*

Tíortha (*Countries*)

An Afraic	*Africa*	Albain	*Scotland*
An Astráil	*Australia*	An Bheilg	*Belgium*
An Bhreatain	*Britain*	An Bhreatain Bheag	*Wales*
An Bhulgáir	*Bulgaria*	An Danmhairg	*Denmark*
An Fhrainc	*France*	An Ghearmáin	*Germany*
An Ghréig	*Greece*	An Eoraip	*Europe*
An India	*India*	An Iodáil	*Italy*
An Ísiltír	*The Netherlands*	An Pholainn	*Poland*
An Phortaingéil	*Portugal*	An Rúis	*Russia*
An tSín	*China*	An Spáinn	*Spain*
An Tuirc	*Turkey*	Ceanada	*Canada*
Éire	*Ireland*	Lucsamburg	*Luxembourg*
Meiriceá	*America*	Na Stáit Aontaithe	*The United States*
Sasana	*England*		

Príomhchathracha na hEorpa (*Capital cities of Europe*)

An Íoslainn (*Iceland*)	Reykjavik
Lucsamburg (*Luxembourg*)	Lucsamburg
An Ghearmáin (*Germany*)	Beirlín
Éire (*Ireland*)	Baile Átha Cliath
An Eilvéis (*Switzerland*)	Beirn
An Bhreatain Mhór (*England*)	Londain
An Phortaingéil (*Portugal*)	Liospóin
An Iodáil (*Italy*)	An Róimh
An Ostair (*Austria*)	Vin
Poblacht na Seice (*The Czech Republic*)	Prág
An tSlóvaic (*Slovakia*)	An Bhratasláiv
An Ungair (*Hungary*)	Budaipeist
An Spáinn (*Spain*)	Maidrid
An Fhrainc (*France*)	Páras
An tSloivéin (*Slovenia*)	Liúibleáina
An Chróit (*Croatia*)	Ságrab
An Ghréig (*Greece*)	An Aithin
An Bhulgáir (*Bulgaria*)	Sóifia
An Rómáin (*Romania*)	Búcairist
An Bheilg (*Belgium*)	An Bhruiséil
An Ollainn / An Ísiltír (*Netherlands*)	Amstardam
An Danmhairg (*Denmark*)	Cóbanhávan
An Pholainn (*Poland*)	Vársá
An Laitvia (*Latvia*)	Ríge
An Rúis (*Russia*)	Moscó
An Iorua (*Norway*)	Osló
An tSualainn (*Sweden*)	Stócólm
An Fhionlainn (*Finland*)	Heilsincí

Farraigí (*Seas*)

Muir Éireann	*Irish Sea*
An Mhuir Dhubh	*The Black Sea*
An tAigéan Atlantach	*The Atlantic Ocean*
An Mhuir Thuaidh	*The North Sea*
An Mheánmhuir	*The Mediterranean*
An Mhuir Aeigéach	*The Aegean Sea*
Muir Aidriad	*The Adriatic Sea*

AIDIACHTAÍ (*Adjectives*)

uafásach	*terrible*	maith	*good*
iontach	*wonderful*	thar barr	*excellent*
lofa	*rotten*	dochreidte	*unbelievable*
togha	*grand*	measartha	*ok*
cuíosach	*average*	craiceáilte	*crazy*
go holc	*bad*	dúr	*thick*
ar fheabhas	*excellent*	náireach	*shameful*
amaideach	*foolish*	bréan	*rotten*
cam	*crooked*	glic	*sly*
bocht	*poor*	láidir	*strong*
bodhar	*deaf*	sleamhain	*slippery*
dall	*blind*	lách	*friendly*
lag	*weak*	saibhir	*rich*
stuama	*wise*	salach	*dirty*
deas	*nice*	múinte	*mannerly*
cairdiúil	*friendly*	teasaí	*hot-tempered*
gleoite	*gorgeous*	santach	*selfish*
gránna	*ugly / horrible*	leisciúil	*lazy*
mímhúinte	*unmannerly*	ard	*tall*
cantalach	*cranky*	bog	*soft*
gealgháireach	*cheerful*	dathúil	*handsome*
sprionlaithe	*mean*	caol	*slim*
dian	*strict*	aisteach	*strange*
ollmhór	*huge*	gearr	*short*
ramhar	*fat*	cainteach	*talkative*
difriúil	*different*	leadránach	*boring*
tarraingteach	*attractive*	fada	*long*
postúil	*conceited*	ceanndána	*headstrong / stubborn*
dáiríre	*serious*	néata / slachtmhar	*neat*

díreach	*straight*	catach	*curly*
uaigneach	*lonely*	santach	*selfish*
suimiúil / spéisiúil	*interesting*	sona	*happy*
garbh	*rough*	cneasta / cineálta	*kind*
cráifeach	*religious*	flaithiúil	*generous*
cúthail	*shy*	macánta	*honest*
séimh	*gentle*	dainséarach	*dangerous*
tuisceanach	*understanding*	cruálach	*cruel*
garbh	*rough*	aineolach	*ignorant*
éirimiúil	*intelligent*	pósta	*married*
cróga	*brave*	cliste	*clever*
míbhéasach	*rude*	te	*hot*
gealgháireach	*cheerful*	stuama	*sensible*
mífhoighneach	*impatient*	plódaithe	*packed*
searbhasach	*sarcastic*	glórach	*noisy*
cruithaitheach	*creative*	corraitheach	*exciting*
cabhrach	*helpful*	foighneach	*patient*
fada	*long*	samhlaíoch	*imaginative*
míshlachtmhar	*untidy*	iargúlta	*remote*
fuinniúil	*energetic*	tapa / gasta	*fast*
mall	*slow*	blasta	*tasty*
do-ite	*inedible*	dúshlánach	*challenging*
glan	*clean*	aclaí	*fit*
compordach	*comfortable*	míchompordach	*uncomfortable*
crua	*hard*	éagsúil	*varied*
fuar	*cold*	déanach	*late*
gaofar	*windy*	meirbh	*airless / sultry*
luath	*early*	tais	*humid*
báúil	*sympathetic*	taitneamhach	*enjoyable*
dea-mhúinte	*polite*	fiosrach	*inquisitive*
líofa	*fluent*	díograiseach	*dedicated*
ceolmhar	*musical*	éasca	*easy*
casta	*complicated*	contúirteach	*dangerous*
meargánta	*reckless*	tábhachtach	*important*
ciúin	*quiet*		

UIMHREACHA (*Numbers*)

náid 0

a haon	a haon déag	fiche a haon	tríocha 30
a dó	a dó dhéag	fiche a dó	daichead / ceathracha 40
a trí	a trí déag	fiche a trí	caoga 50
a ceathair	a ceathair déag	fiche a ceathair	seasca 60
a cúig	a cúig déag	fiche a cúig	seachtó 70
a sé	a sé déag	fiche a sé	ochtó 80
a seacht	a seacht déag	fiche a seacht	nócha 90
a hocht	a hocht déag	fiche a hocht	céad 100
a naoi	a naoi déag	fiche a naoi	míle 1,000
a deich	fiche	tríocha	milliúin 1,000,000

Codáin (*fractions*)

½ = leath ¼ = ceathrú ¾ = trí cheathrú
⅓ = trian / tríú ⅔ = dhá thrian / thríú

Uimhreacha pearsanta

fear amháin / aon fhear amháin = *1 man*	aon fhear déag = *11 men*	daichead / ceathracha fear = *40 men*
beirt fhear = *2 men*	dháréag fear = *12 men*	fear is daichead = *41 men*
triúr fear = *3 men*	trí fhear déag = *13 men*	caoga fear = *50 men*
ceathrar fear = *4 men*	ceithre fhear déag = *14 men*	fear is caoga = *51 men*
cúigear fear = *5 men*	cúig fhear déag = *15 men*	seasca fear = *60 men*
seisear fear = *6 men*	fiche fear = *20 men*	fear is seasca = *61 men*
seachtar fear = *7 men*	fear is fiche = 21 men	seachtó fear = 70 men
ochtar fear = *8 men*	dhá fhear is fiche = *22 men*	fear is seachtó = *71 men*
naonúr fear = *9 men*	tríocha fear = *30 men*	ochtó fear = *80 men*
deichniúr fear = *10 men*	fear is tríocha = *31 men*	fear is ochtó = *81 men*
nócha fear = *90 men*	fear is nócha = *91 men*	céad fear = *100 men*

Céimeanna comparáide

Bright: **geal** **níos gile**
Mar shampla: Is maith liom an samhradh mar go mbíonn na laethanta níos gile.
(*I like summer because the days are brighter.*)

Poor: **bocht** **níos boichte**
Mar shampla: Bíonn daoine sa Tríú Domhan níos boichte ná muintir na hEorpa.
(*People in the Third World are poorer than the people of Europe.*)

Weak: **lag** **níos laige**
Mar shampla: Tá mo chuid Fraincise níos laige ná mo chuid Gaeilge.
(*My French is weaker than my Irish.*)

Young: **óg** **níos óige**
Mar shampla: Tá mé níos óige ná mo dheirfiúr.
(*I am younger than my sister.*)

Cold: **fuar** **níos fuaire**
Mar shampla: Bíonn laethanta an gheimhridh níos fuaire ná laethanta an tsamhraidh.
(*Winter days are colder than summer days.*)

Slow: **mall** **níos moille**
Mar shampla: Bíonn an trácht níos moille go luath ar maidin.
(*The traffic is slower early in the morning.*)

Sensible: **ciallmhar** **níos ciallmhaire**
Mar shampla: Tá mo dhearthair níos ciallmhaire ná mise.
(*My brother is more sensible than I am.*)

Good-looking: **dathúil** **níos dathúla**
Mar shampla: Tá an réalt ceoil sin níos dathúla ná aon duine eile.
(*That music star is better looking than anyone else.*)

Wet: **fliuch** **níos fliche**
Mar shampla: Ní maith liom laethanta an gheimhridh mar go mbíonn siad níos fliche.
(*I don't like the days of winter because they are wetter.*)

Good: **maith** **níos fearr**
Mar shampla: Tá mé níos fearr ag an stair ná ag an mBéarla ar scoil.
(*I am better at History than English at school.*)

Bad: **olc** **níos measa**
Mar shampla: Níl mise leath chomh maith ag an gcispheil le Seán; tá mé níos measa ná é.
(*I am not half as good at basketball as Seán; I am worse than he is.*)

Wealthy: **saibhir** **níos saibhre**
Mar shampla: Bhíodh daoine sa tír seo ní ba shaibhre nuair a bhí an Tíogar Ceilteach ann.
(*People in this country were wealthier when we had the Celtic Tiger.*)

Fast: **tapa** **níos tapúla**
Mar shampla: Tá Pól níos tapúla ná Seán ag an obair bhaile.
(*Paul is faster than Seán at homework.*)

Sporty: **spórtúil** **níos spórtúla**
Mar shampla: Tá na cailíní sa scoil seo níos spórtúla ná na buachaillí.
(*The girls in this school are more sporty than the boys.*)

Hot: **te** **níos teo**
Mar shampla: Bíonn an aimsir níos teo sa Spáinn ná mar a bhíonn sí in Éirinn.
(*The weather is hotter in Spain than it is in Ireland.*)

Long: **fada** **níos faide**
Mar shampla: Tá an cúrsa staire i bhfad níos faide ná na cúrsaí eile.
(*The history course is much longer than the other courses.*)

Friendly: **cairdiúil** **níos cairdiúla**
Mar shampla: Tá na múinteoirí sa scoil seo níos cairdiúla ná na múinteoirí a bhí agam sa bhunscoil.
(*The teachers in this school are more friendly than the teachers I had in primary school.*)

Lazy: **leisciúil** **níos leisciúla**
Mar shampla: Bhí mé ní ba leisciúla sa chúigiú bliain ná mar atá mé i mbliana.
(*I was lazier in fifth year than I am this year.*)

Difficult: **deacair** **níos deacra**
Mar shampla: Tá sé i bhfad níos deacra post samhraidh a fháil sa lá atá inniu ann.
(*It is much more difficult to get a summer job today.*)

Strong: **láidir** **níos láidre**
Mar shampla: Tá roinnt buachaillí níos láidre ná cailíní.
(*Some boys are stronger than girls.*)

Old: **sean** **níos sine**
Mar shampla: Tá mo sheanmháthair níos sine ná mo sheanathair.
(*My grandmother is older than my grandfather.*)

Generous: **flaithiúil** **níos flaithiúla**
Mar shampla: Tá Aoife níos flaithiúla ná a deirfiúr.
(*Aoife is more generous than her sister.*)

Accurate: **cruinn** **níos cruinne**
Mar shampla: Tá mo Ghaeilge scríofa níos cruinne ná mo Ghaeilge labhartha.
(*My written Irish is more accurate than my spoken Irish.*)

Tiring: **tuirsiúil** **níos tuirsiúla**
Mar shampla: Tá an séú bliain níos tuirsiúla ná an cúigiú bliain.
(*Sixth year is more tiring than fifth year.*)

An tAinm Briathartha

ag briseadh	*breaking*	ag seinm	*playing music*
ag glanadh	*cleaning*	ag ceannach	*buying*
ag ól	*drinking*	ag troid	*fighting*
ag ithe	*eating*	ag teacht	*coming*
ag rith	*running*	ag taispeáint	*showing*
ag scríobh	*writing*	ag obair	*working*
ag siúl	*walking*	ag íoc	*paying*
ag gáire	*laughing*	ag titim	*falling*
ag caoineadh	*crying*	ag cuardach	*searching*
ag críochnú	*finishing*	ag smaoineamh	*thinking*
ag tosú	*starting*	ag eitilt	*flying*
ag rá	*saying*	ag séideadh	*blowing*
ag déanamh	*doing*	ag crith	*shaking*
ag éisteacht	*listening*	ag ardú	*raising*
ag troid	*fighting*	ag gearradh	*cutting*
ag líonadh	*filling*	ag imirt	*playing*

Mar shampla:

Is maith liom a bheith ag éisteacht le ceol. (*I like listening to music.*)
Is maith liom a bheith ag imirt leadóige. (*I like playing tennis.*)
Is maith liom a bheith ag siúl. (*I like walking.*)

MOTHÚCHÁIN (*Emotions*)

brón (*sadness*)	éad (*jealousy*)	trua (*pity*)	díomá (*disappointment*)
faoiseamh (*relief*)	uaigneas (*loneliness*)	meas (*respect*)	aiféala (*regret*)
dímheas (*disrespect*)	eagla (*fear*)	scanradh (*fear*)	faitíos (*fear*)
déistin (*disgust*)	fuath (*hatred*)	díoltas (*revenge*)	imní (*anxiousness*)
lúcháir (*joy*)	foighne (*patience*)	mífhoighne (*impatience*)	sonas (*happiness*)
cineáltas (*kindness*)	dóchas (*hope*)	éadóchas (*despair*)	amhras (*doubt*)
fearg (*anger*)	fiosracht (*curiosity*)	sásamh (*satisfaction*)	áthas (*happiness*)

AN AIMSIR (*Weather*)

Dea-aimsir (*Good weather*)

Tá an ghrian ag scoilteadh na gcloch	*The sun is splitting the stones*
Tá an ghrian ag lonrú anuas orainn	*The sun is beaming down on us*
Lá breá brothallach a bhí ann	*It was a lovely fine day*
Chuala mé na héin ag canadh sna crainn	*I heard the birds singing in the trees*
Lá breá gréine atá ann	*It is a fine sunny day*
Beidh tréimhsí gréine ann	*There will be bright spells*
Lá deas fionnuar atá ann	*It is a nice fresh day*
Níl scamall le feiceáil sa spéir	*There isn't a cloud in the sky*
Tá sé geal	*It is bright*
Tá an aimsir go hálainn, buíochas le Dia	*The weather is good, thanks be to God*
Tá an teas dochreidte	*The heat is unbelievable*
Tá sé róthe	*It is too hot*
Tá teocht ard ann	*The temperature is high*
Tá an lá ag éirí níos teo	*The day is getting hotter*
Táim ag cur allais	*I am perspiring*
Tá leoithne gaoithe ag séideadh	*There is a breeze blowing*

Drochaimsir (***Bad weather***)

Lá fuar geimhridh a bhí ann	*It was a cold winter's day*
Bhí mé préachta leis an bhfuacht	*I was frozen with the cold*
Tá an teocht imithe faoin reophointe	*The temperature has gone below freezing point*
Tá an lá ag dul i bhfuaire	*The day is getting colder*
Tá scamaill mhóra dhubha sa spéir	*There are big black clouds in the sky*
Tá sé scamallach	*It is cloudy*
Tá gaoth láidir ag séideadh	*There is a strong wind blowing*
Tá sé an-ghaofar	*It is very windy*
Oíche dhubh dhorcha atá ann	*It is a dark night*
Tá sé ag stealladh báistí	*It is lashing rain*
Thit cith báistí tamall ó shin	*A rain shower fell a while ago*
Chuala mé toirneach agus tintreach	*I heard thunder and lightning*
Chonaic mé splanc tintrí	*I saw a flash of lightning*
Tá sé ceobhránach	*It is misty*
Aimsir stoirmiúil atá ann	*It is stormy weather*
Tá stoirm ag réabadh	*A storm is raging*
Tá sé ina ghála	*There is a gale blowing*
Tá brat sneachta ar an talamh	*There is a cover of snow on the ground*
Tá sé ag cur seaca	*It is freezing over*
Tá na bóithre sleamhain	*The roads are slippery*
Tá na cosáin an-chontúirteach	*The pavements are dangerous*
Tá flichshneachta ag titim	*There is sleet falling*
Tá an aimsir go hainnis	*The weather is wretched*

FÉILTE (***Festivals***)

Lá Caille	1ú Eanáir
Nollaig na mBan	6ú Eanáir
Lá Fhéile Bríde	1ú Feabhra
Lá Fhéile Vailintín	14ú Feabhra
Máirt na hInide	*Shrove Tuesday*
Céadaoin an Luaithrigh	*Ash Wednesday*
Lá Fhéile Pádraig	17ú Márta
Domhnach Cásca	*Easter Sunday*
Lá Bealtaine	1ú Bealtaine
Oíche Shamhna	31ú Deireadh Fómhair
Oíche Nollag	24ú Nollaig
Lá Nollag	25ú Nollaig
Lá Fhéile Stiofáin	26ú Nollaig
Oíche Chinn Bhliana	31ú Nollaig

EAGRAÍOCHTAÍ (*Organisations*)

Conradh na Gaeilge
Údarás na Gaeltachta
Scór na nÓg
Raidió na Sionainne
Raidió na Life
Comharchumann
Gael-Linn
Slógadh
Glór na nGael
Raidió na Gaeltachta
Raidió Teilifís Éireann

AN PHOLAITÍOCHT

Dáil Éireann	*Irish Parliament*
Teachta Dála	*TD*
Seanad Éireann	*Senate*
Teach Laighean	*Leinster House*
Uachtarán na hÉireann	*President of Ireland*
Fianna Fáil	
Fine Gael	
Páirtí an Lucht Oibre	*Labour Party*
An Comhaontas Glas	*Green Party*
Sinn Féin	
Teachtaí Dála Neamhspleácha	*Independents*
toghchán	*election*
Dáilcheantar	*constituency*
bunreacht	*constitution*
comhrialtas	*coalition*
cáináisnéis / buiséad	*budget*
An Roinn Airgeadais	*The Department of Finance*
An Roinn Caiteachais Phoiblí agus Athchóirithe	*The Department of Public Expenditure and Reform*
An Roinn Coimirce Sóisialaí	*The Department of Social Protection*
An Roinn Comhshaoil, Pobail agus Rialtais Áitiúil	*The Department of the Environment, Community and Local Government*
An Roinn Cumarsáide, Fuinnimh agus Acmhainní Nádúrtha	*The Department of Communications, Energy and Natural Resources*
An Roinn Dlí agus Cirt, Comhionannais agus Cosanta	*The Department of Justice, Equality and Defence*
An Roinn Fiontar, Post agus Nuálaíochta	*The Department of Enterprise, Jobs and Innovation*
An Roinn Gnóthaí Ealaíon, Oidhreachta agus Gaeltachta	*The Department of Arts, Heritage and Gaeltacht Affairs*

An Roinn Gnóthaí Eachtracha agus Trádála	*The Department of Foreign Affairs and Trade*
An Roinn Iompair, Turasóireacht agus Spóirt	*The Department of Transport, Tourism and Sport*
An Roinn Leanaí	*The Department of Children*
An Roinn Oideachais agus Scileanna	*The Department of Education and Skills*
An Roinn Sláinte	*The Department of Health*
An Roinn Talmhaíochta, Mara agus Bia	*The Department of Agriculture, Marine and Food*
Roinn an Taoisigh	*The Department of the Taoiseach*
An Bord Uchtála	*The Adoption Board*
An Bord Pleanála	*The Planning Board*
Oifig Pharlaimint na hEorpa	*The Office of the European Parliament*
An Bord Altranais	*The Nursing Board*
An Phríomh-Oifig Staidrimh	*The Central Statistics Office*
An Bord Cosanta Sibhialta	*The Civil Defence Board*
An Coimisiún um Rialáil Cumarsáide	*The Commission for Communications Regulation*
An Coimisiún um Cheapacháin Seirbhíse Poiblí	*The Commission for Public Service Appointments*
An Stiúrthóir Ionchúiseamh Poiblí	*The Director of Public Prosecutions*
An tÚdarás Iomaíochta	*The Competition Authority*
Údarás Eitlíochta na hÉireann	*The Aviation Authority*
Seirbhís Phríosúin na hÉireann	*The Irish Prison Service*
An Coimisiún Meabhair-Shláinte	*Mental Health Commission*
An Coimisiún um Chaidreamh Oibreachais	*The Labour Relations Commission*
An Bord um Chúnamh Dlíthiúil	*The Legal Aid Board*
Gníomhaireacht Náisiúnta Tomhaltóirí	*The National Consumer Agency*
Oifig an Ombudsman	*The Office of the Ombudsman*
Oifig na nOibreacha Poiblí	*The Office of Public Works*
Coimisiún um Chaighdeáin in Oifigí Poiblí	*Standards in Public Office Commission*
Coimisiún na Scrúduithe Stáit	*The State Examinations Commission*
An tSaotharlann Stáit	*The State Laboratory*
Feidhmeannacht na Seirbhíse Sláinte	*Health Service Executive*
Comhairle Cathrach Bhaile Átha Cliath	*Dublin City Council*
An Comhairle Chontae	*The County Council*
Comhairle Contae Cill Dara / Comhairle Contae na Mí / Comhairle Contae Chill Mhantáin …	*Kildare County Council, Meath County Council, Wicklow County Council …*

COLÁISTÍ TRÍÚ LEIBHÉAL (*Third-level colleges*)

Coláiste na hOllscoile, Baile Átha Cliath (*UCD*), Ollscoil na hÉireann, Gaillimh (*NUI Galway*), Coláiste na hOllscoile, Corcaigh (*UCC*), Ollscoil na hÉireann, Má Nuad (*NUIM*)

Coláiste na Tríonóide (*TCD*)

Ollscoil Chathair Bhaile Átha Cliath (*DCU*)

Institiúid Teicneolaíochta Bhaile Átha Cliath / Gaillimhe-Maigh Eo (*Institute of Technology*)

An Coláiste Náisiúnta Ealaíne is Deartha, Baile Átha Cliath (*National College of Art and Design*)

Colaiste Lónadóireachta (*College of Catering*)

Coláiste Oiliúna (*Training College*)

SLITE BEATHA (*Careers*)

Ailtire	*Architect*	Aeróstach	*Flight Attendant*
Aturnae	*Solicitor*	Abhcóide	*Barrister*
Aisteoir	*Actor*	Altra	*Nurse*
Bleachtaire	*Detective*	Bainisteoir	*Manager*
Bainisteoir Pearsanra	*Personnel Manager*	Bríceadóir	*Bricklayer*
Bunmhúinteoir	*Primary Teacher*	Cuntasóir	*Accountant*
Cógaiseoir	*Pharmacist*	Cothaitheach	*Nutritionist*
Cócaire	*Chef*	Ceoltóir	*Musician*
Ceantálaí	*Auctioneer*	Dochtúir	*Doctor*
Eolaí	*Scientist*	Ealaíontóir	*Artist*
Feirmeoir	*Farmer*	Amhránaí	*Singer*
Fáilteoir	*Receptionist*	Feighlí Leanaí	*Childminder*
Fiaclóir	*Dentist*	Freastalaí	*Waiter*
Fisiteiripeach	*Physiotherapist*	Garraíodóir	*Gardener*
Gruagaire	*Hairdresser*	Garda Slándála	*Security Guard*
Gníomhaire Taistil	*Travel Agent*	Innealtóir	*Engineer*
Iascaire	*Fisherman*	Iriseoir	*Journalist*
Leictreoir	*Electrician*	Leabharlannaí	*Librarian*
Léachtóir	*Lecturer*	Leasphríomhoide	*Deputy Principal*
Maor Snámha	*Life Guard*	Maisitheoir	*Decorator*
Máinlia	*Surgeon*	Marcach	*Jockey*
Meicneoir	*Mechanic*	Múinteoir	*Teacher*
Mairnéalach	*Sailor*	Oifigeach Caidreamh Phoiblí	*Public Relations Officer*
Oibrí Foirgníochta	*Construction Worker*	Oifigeach Bainc	*Bank Official*
Oibrí Oifige	*Office Worker*	Oibrí Sóisialta	*Social Worker*
Oibrí Monarchan	*Factory Worker*	Píolóta	*Pilot*
Pláistéir	*Plasterer*	Poitigéir	*Chemist*
Príomhoide	*Principal*	Ríomhchláraitheoir	*Computer Programmer*
Rúnaí	*Secretary*	Saighdiúir	*Soldier*
Síceolaí	*Psychologist*	Státseirbhíseach	*Civil Servant*
Seandálaí	*Archaeologist*	Stiúrthóir	*Director*
Scríbhneoir	*Writer*	Siopadóir	*Shopkeeper*
Siúinéir	*Carpenter*	Tréidlia	*Vet*
Teiripeoir Urlabhra	*Speech Therapist*	Teiripeoir Saothair	*Occupational Therapist*
Treoraí Turais	*Tourist Guide*	Tiománaí	*Driver*
Teicneoir	*Technician*	Tábhairneoir	*Publican*
Tógálaí	*Builder*	Taighdeoir	*Researcher*

Aonad 1

Ábhair

Clár CD 1

Aonad 1

7 Fógra a hAon, Cuid A
8 Fógra a hAon, Cuid A
9 Fógra a Dó, Cuid A
10 Fógra a Dó, Cuid A
11 Comhrá a hAon, Cuid B
12 Comhrá a hAon — An Chéad Mhír, Cuid B
13 Comhrá a hAon — An Dara Mír, Cuid B
14 Comhrá a Dó, Cuid B
15 Comhrá a Dó — An Chéad Mhír, Cuid B
16 Comhrá a Dó — An Dara Mír, Cuid B
17 Píosa a hAon, Cuid C
18 Píosa a hAon, Cuid C
19 Píosa a Dó, Cuid C
20 Píosa a Dó, Cuid C
21 Scrúdú 50, Aonad 1

Cuid A

- Cloisfidh tú **dhá** fhógraí sa chuid seo.
- Cloisfidh tú iad **faoi dhó**.
- Beidh sos ann tar éis gach míre díobh chun na freagraí a scríobh síos.
- Éist go cúramach anois agus scríobh síos na freagraí chomh cruinn agus is féidir leat.

CD1

T7–8 Fógra a hAon

1 Cé dóibh an seimineár seo?

____

2 (a) Cé a bheidh i measc na n-aoichainteoirí?

____

(b) Conas is féidir an t-eolas seo a úsáid?

____

3 Cén cuireadh a thugtar do dhaltaí?

____

CD1

T9–10 Fógra a Dó

1 (a) Cén clú atá ar Bernard Dunne?

____

(b) Cén caitheamh aimsire nua atá aige anois?

____

2 (a) Cén fáth go bhfuil am saor aige anois?

____

(b) Cad a dhéanann an teanga agus an cultúr, dar le Bernard?

____

3 Conas ar fhoghlaim sé a chuid Gaeilge ar dtús?

____

Cuid B

- Cloisfidh tú **dhá** chomhrá sa chuid seo.
- Cloisfidh tú iad **faoi dhó**.
- Cloisfidh tú é don chéad uair ina iomlán; ansin cloisfidh tú é don dara uair agus beidh sos ann idir an chéad mhír agus an dara mír.
- Éist go cúramach anois agus scríobh síos na freagraí chomh cruinn agus is féidir leat.

CD1

T11–13 Comhrá a hAon

An Chéad Mhír

1 Cén fáth nár aithin an bhean Máire?

2 (a) Conas tá an saol ag Máire sa Fhrainc?

(b) Conas ar éirigh le Máire san Ardteist?

An Dara Mír

1 Cad tá ar siúl ag mac na mná seo?

2 (a) Cén fáth go díreach a bhfuil Bean Uí Mhurchú ag dul go dtí an dochtúir?

(b) Cén aois atá ag máthair na mná seo?

CD1

T14–16 Comhrá a Dó

An Chéad Mhír

1 (a) Cén dea-scéal atá ag Cormac?

(b) Cén aois í Róisín agus cad air a thosaigh sí i Mí Mheán Fómhair?

2 Cén fáth go gcuireann an cúlú eacnamaíochta isteach ar Chormac?

An Dara Mír

1 (a) Cad atá ar siúl ag a bhean chéile faoi láthair?

(b) Cén rud a bhí ag teastáil ó Aoife?

2 Cad a bheidh orthu a dhéanamh nuair a rachaidh bean chéile Chormaic ar ais ag obair?

Cuid C

- Cloisfidh tú **dhá** phíosa nuachta sa chuid seo.
- Cloisfidh tú iad **faoi dhó**.
- Beidh sos ann tar éis gach míre díobh chun na freagraí a scríobh síos.
- Éist go cúramach anois agus scríobh síos na freagraí chomh cruinn agus is féidir leat.

CD1

T17–18 Píosa a hAon

1 (a) Cad a bheidh ar siúl sa scoil?

(b) Cén aidhm atá ag an oíche seo?

2 Cén fáth gur luaigh an príomhoide Coiste na dTuismitheoirí?

3 Ní mór do dhaltaí dhá rud a dhéanamh. Cad iad an dá rud sin?

CD1

T19–20 Píosa a Dó

1 Cén fáth go mbeidh an lá oscailte seo ar siúl?

2 Cad iad na cúrsaí céime a mbeidh béim orthu?

3 Cén costas a bheidh ar an lá seo?

Foclóir sna ceisteanna

Déan staidéar ar an bhfoclóir seo. Ansin déan iarracht an scrúdú a dhéanamh ar an gcéad leathanach eile.

Cé dóibh?	*Who is it for?*
Conas?	*How?*
Cén cuireadh?	*Which invitation?*
Cén fáth?	*Why?*
Cén aois?	*What age?*
Cén aidhm?	*What aim?*
Luaigh	*Mention*
Cad a bheidh ar siúl?	*What will be on?*
Cad?	*What?*
Cá rachaidh ...?	*Where will ... go?*
Cá bhfuil?	*Where is?*
Cé a d'eagraigh?	*Who organised?*
Cén uair?	*What time?*
Cén costas?	*What cost?*

Foclóir eile

Bí cinnte go dtuigeann tú brí na bhfocal seo agus ansin déan iarracht scrúdú beag a dhéanamh ar an gcéad leathanach eile.

seimineár, pearsana	*seminar, personalities*
buntáiste	*advantage*
i mbun	*in charge of*
breis, aoi	*extra / more, guest*
cainteoir, oifigeach	*speaker, officer*
i bhfeidhm ar	*influence*
rogha, ag súil, taithí	*choice, hoping, experience*
ag roghnú	*choosing*
gairm bheatha	*career*
cuireadh, díospóireacht	*invitation, debate*
tuilleadh, teagmháil	*more, communication*
ríomhphost	*e-mail*
clú agus cáil	*fame*
craobh	*final / branch*
dornálaíocht, dornálaí	*boxing, boxer*
teanga, dúchas	*language, native*
idirdhealú, dlúthdhioscaí	*differentiation, CDs*
maitheas, líofacht	*good, fluency*
freastal ar, nuachtán	*attend, newspaper*
seachtainiúil	*weekly*
saor in aisce	*free*
aithin, galánta	*recognise, elegant*
gan amhras	*without doubt*
faoi bhrú	*under pressure*
dlíodóir	*lawyer*
cúrsa céime	*degree course*
mar is eol duit	*as you are aware*
is cuimhin liom	*I remember*
ag druidim le	*heading towards*
comhghairdeas	*congratulations*
gnó	*business*
saoire mháithreachais	*maternity leave*
feighlí linbh	*baby minder*
agallaimh, spriocdháta	*interviews, deadline*
deis, coiste	*opportunity, committee*
gléasta, roimh ré	*dressed, beforehand*
mic léinn, béim	*students, emphasis*
eolaíocht, ailtireacht	*science, architecture*
léachtóirí, idirlíon	*lecturers, internet*

Scrúdú ar an bhfoclóir sna ceisteanna

Líon isteach brí na bhfocal seo chomh cruinn agus is féidir leat.

Cé dóibh?	
Conas?	
Cén cuireadh?	
Cén fáth?	
Cén aois?	
Cén aidhm?	
Luaigh	
Cad a bheidh ar siúl?	
Cad?	
Cá rachaidh?	
Cá bhfuil?	
Cé a d'eagraigh?	
Cén uair?	
Cén costas?	

Scrúdú ar an bhfoclóir eile

Líon isteach brí na bhfocal seo chomh cruinn agus is féidir leat.

seimineár	
pearsana	
buntáiste	
i mbun	
breis, aoi	
cainteoir	
oifigeach	
i bhfeidhm ar	
rogha, ag súil	
taithí	
ag roghnú	
gairm bheatha	
cuireadh	
díospóireacht	
tuilleadh, teagmháil	
ríomhphost	
clú agus cáil	
craobh	

dornálaíocht	
dornálaí, teanga, dúchais	
idirdhealú	
dlúthdhioscaí	
maitheas, líofacht	
freastal ar	
nuachtán	
seachtainiúil	
saor in aisce	
aithin	
galánta	
gan amhras	
faoi bhrú	
dlíodóir	
cúrsa céime	
mar is eol duit	
is cuimhin liom	
ag druidim le	
comhghairdeas	
gnó	
saoire mháithreachais	
feighlí linbh	
agallaimh	
spriocdháta	
deis	
coiste	
gléasta	
roimh ré	
mic léinn	
béim	
eolaíocht	
ailtireacht	
léachtóirí	
idirlíon	

Foclóir do Thriail Chluastuisceana 2010

Déan staidéar ar an bhfoclóir seo ó scrúdú na hArdteistiméireachta 2010. Bí cinnte go dtuigeann tú brí na bhfocal seo agus ansin déan iarracht an scrúdú a dhéanamh ar an gcéad leathanach eile.

Cuid A

Fógra a hAon	
Cumann Ailse na hÉireann	*Cancer Society of Ireland*
siúlóid	*walk*
urraithe	*sponsored*
á reáchtáil	*being organised*
i lár na míosa seo	*in the middle of the month*
oíche eolais	*information night*
tráchtaire spóirt	*sports commentator*
Gaeilgeoir	*Irish speaker*
Ciarraíoch	*Kerry person*
páirteach	*involved*
urraíocht	*sponsorship*
scaipfear	*will be spread*
cáiliúil	*famous*
cártaí urraíochta	*sponsorship cards*
caoga	*fifty*

Fógra a Dó	
nuacht an Iarthair	*news of the West*
Raidió na Gaeltachta	*Gaeltacht Radio*
ceantar	*area*
Ros Muc	
searmanas cuimhneacháin	*memorial service*
in ómós do	*in memory of*
teacht le chéile	*gathering*
ag tosú	*starting*
an t-amhránaí	*the singer*
ar an sean-nós	*old style*
go luath	*soon / early*
Lúnasa	*August*
bhain sí cáil amach	*she became famous*
aisteoir, file	*actor, poet*
eiseoidh	*will release*
dlúthdhiosca	*CD*
le fáil, amhráin	*available, songs*
tuilleadh eolais	*more information*

Fógra a Trí	
eagraíocht charthanachta	*voluntary organisation*
ag bagairt ar	*threatening*
an Aetóip	*Ethiopia*
i ndiaidh a chéile	*after one another*
theip ar	*failed*
an t-athrú aeráide	*change of climate*
tubaiste	*disaster*
obair fóirithinte	*relief work*
cheana féin	*already*
beatha	*life*
leanaí	*children*

Cuid B

Comhrá a hAon	
deireadh seachtaine	*weekend*
ghlaoigh mé ort	*I called you*
freagra	*answer*
in éad leat	*jealous of you*
ar ór ná ar airgead	*for anything (gold or money)*
iarracht	*effort*
díoladh	*were sold*
d'íoc tú	*you paid*
tada	*nothing*
crannchur	*raffle / lottery*
níor theastaigh uaidh	*he didn't want*
puball, áiseanna, uafásach	*tent, facilities, terrible*
Baile Shláine	*Slane*
anuraidh	*last year*
leithris	*toilets*
folcadh te	*hot shower*
mall, spadánta	*slow, sluggish*

Comhrá a Dó	
idirbhliain	*transition year*
an Fhrainc	*France*
ar feadh bliana	*for a year*
feabhas	*improvement*
rogha	*choice*
más buan mo chuimhne	*if my memory serves me right*
is méanar duit	*it is well for you*
lofa	*terrible / rotten*
ag tnúth leis	*looking forward to*
cúrsa ealaíne	*art course*
céim	*degree*
bain sult as	*enjoy*

Comhrá a Trí	
iriseoirí, déagóirí	*journalists, teenagers*
spreagfadh	*it would encourage*
iris, foilsitheoir	*magazine, publisher*
i gcló	*in print*
costais, oiriúnach, faisean	*costs, suitable, fashion*
leamh	*uninteresting*
seanchaite	*worn*
téacsleabhair, ardchumas, scannáin	*textbooks, good ability, films*
nuachtán	*newspaper*
comhlacht	*company*
a fhoilsiú	*to publish*
socrú	*arrangement*
éadóchas	*despair*
foilsitheoireacht	*publishing*

Cuid C

Píosa a hAon	
Crib na nÓg	*Youth Crib*
an Cheathrú Rua	*Carraroe*
comórtas ealaíne	*art competition*
meitheal	*working group*
iarthar, urraíocht	*west, sponsorship*
aidhm	*aim*
aird	*attention*
mí-úsáid	*misuse*
alcól, bhronn	*alcohol, awarded*
an tAire Stáit	*Minister of State*
duais	*prize*
tá sé ar intinn ag	*it is the intention of*
bunaithe	*based on*
gnéithe	*aspects*

Píosa a Dó	
earraí	*goods*
cathair	*city*
suite	*situated*
ceartlár	*heart*
t-léinte	*t-shirts*
manaí	*mottos*
an-éileamh	*great demand*
earraí cniotáilte	*knitted goods*
seodra	*jewellery*
faoi láthair	*at present*
suíomh gréasáin	*website*

Píosa a Trí	
scéim	*scheme*
scoláireachtaí	*scholarships*
roghnaíodh	*was chosen*
scileanna cumarsáide agus cinnireachta	*communication and leadership skills*
lóistín	*accommodation*
saor in aisce	*free*
mac léinn	*student*
campas, lacáiste	*campus, discount*
bhí sé mar dhualgas ar	*it was the duty of*
imeachtaí	*events*
seach-churaclam	*extra curricular*
fás	*growth*
bronnadh	*was awarded / presented*

Scrúdú Foclóra

Líon isteach brí na bhfocal seo ó scrúdú na hArdteistiméireachta 2010 chomh cruinn agus is féidir leat.

Cuid A

Fógra a hAon	
Cumann Ailse na hÉireann	
siúlóid	
urraithe	
á reáchtáil	
i lár na míosa seo	
oíche eolais	
tráchtaire spóirt	
Gaeilgeoir	
Ciarraíoch	
páirteach	
urraíocht	
scaipfear	
cáiliúil	
cártaí urraíochta	
caoga	

Fógra a Dó	
nuacht an Iarthair	
Raidió na Gaeltachta	
ceantar	
Ros Muc	
searmanas cuimhneacháin	
in ómós do	
teacht le chéile	
ag tosú	
an t-amhránaí	
ar an sean-nós	
go luath	
Lúnasa	
bhain sí cáil amach	
aisteoir, file	
eiseoidh	
dlúthdhiosca	
le fáil, amhráin	
tuilleadh eolais	

Fógra a Trí	
eagraíocht charthanachta	
ag bagairt ar	
an Aetóip	
i ndiaidh a chéile	
theip ar	
an t-athrú aeráide	
tubaiste	
obair fóirithinte	
cheana féin	
beatha	
leanaí	

Cuid B

Comhrá a hAon	
deireadh seachtaine	
ghlaoigh mé ort	
freagra	
in éad leat	
ar ór ná ar airgead	
iarracht, díoladh	
d'íoc tú	
tada	
crannchur	
níor theastaigh uaidh	
puball	
áiseanna, uafásach	
Baile Shláine	
anuraidh	
leithris	
folcadh te	
mall	
spadánta	

Comhrá a Dó	
idirbhliain	
an Fhrainc	
ar feadh bliana	
feabhas	
rogha	
más buan mo chuimhne	
is méanar duit	
lofa	
ag tnúth leis	
cúrsa ealaíne	
céim	
bain sult as	

Comhrá a Trí	
iriseoirí	
déagóirí	
spreagfadh	
iris	
foilsitheoir	
i gcló	
costais	
oiriúnach	
faisean	
leamh	
seanchaite	
téacsleabhair	
ardchumas	
scannáin	
nuachtán	
comhlacht	
a fhoilsiú	
socrú	
éadóchas	
foilsitheoireacht	

Cuid C

Píosa a hAon	
Crib na nÓg	
an Cheathrú Rua	
comórtas ealaíne	
meitheal	
iarthar	
urraíocht	
aidhm	
aird	
mí-úsáid	
alcól	
bhronn	
an tAire Stáit	
duais	
tá sé ar intinn ag	
bunaithe	
gnéithe	

Píosa a Dó	
earraí	
cathair	
suite	
ceartlár	
t-léinte	
manaí	
an-éileamh	
earraí cniotáilte	
seodra	
faoi láthair	
suíomh gréasáin	

Píosa a Trí	
scéim	
scoláireachtaí	
roghnaíodh	
scileanna cumarsáide agus cinnireachta	
lóistín	
saor in aisce	
mac léinn	
campas	
lacáiste	
bhí sé mar dhualgas ar	
imeachtaí	
seach-churaclam	
fás	
bronnadh	

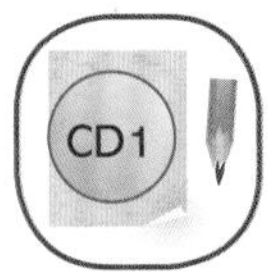
T21

Scrúdú 50

Scrúdú ar fhoclóir Aonad a hAon agus ar fhoclóir na hArdteistiméireachta 2010. Cloisfidh tú na focail *faoi dhó*. Éist go cúramach agus scríobh síos na focail a chloiseann tú chomh cruinn agus is féidir leat.

1	______	26	______
2	______	27	______
3	______	28	______
4	______	29	______
5	______	30	______
6	______	31	______
7	______	32	______
8	______	33	______
9	______	34	______
10	______	35	______
11	______	36	______
12	______	37	______
13	______	38	______
14	______	39	______
15	______	40	______
16	______	41	______
17	______	42	______
18	______	43	______
19	______	44	______
20	______	45	______
21	______	46	______
22	______	47	______
23	______	48	______
24	______	49	______
25	______	50	______

An marc a fuair tú: ☐ as 50.

Aonad 2

Ábhair

Clár CD 1

Aonad 2

22 Fógra a hAon, Cuid A
23 Fógra a hAon, Cuid A
24 Fógra a Dó, Cuid A
25 Fógra a Dó, Cuid A
26 Comhrá a hAon, Cuid B
27 Comhrá a hAon — An Chéad Mhír, Cuid B
28 Comhrá a hAon — An Dara Mír, Cuid B
29 Comhrá a Dó, Cuid B
30 Comhrá a Dó — An Chéad Mhír, Cuid B
31 Comhrá a Dó — An Dara Mír, Cuid B
32 Píosa a hAon, Cuid C
33 Píosa a hAon, Cuid C
34 Píosa a Dó, Cuid C
35 Píosa a Dó, Cuid C
36 Scrúdú 50, Aonad 2

Cuid A

- Cloisfidh tú **dhá** fhógraí sa chuid seo.
- Cloisfidh tú iad **faoi dhó**.
- Beidh sos ann tar éis gach míre díobh chun na freagraí a scríobh síos.
- Éist go cúramach anois agus scríobh síos na freagraí chomh cruinn agus is féidir leat.

CD1

T22–23 Fógra a hAon

1 (a) Cad tá ar intinn ag Eircom?

____

(b) Conas a dhéanfaidh siad é sin?

____

2 Cad a léirigh an suirbhé le déanaí?

____

3 Cad a dúirt urlabhraí na Roinne Cumarsáide, Fuinnimh agus Acmhainní Nádúrtha?

____

CD1

T24–25 Fógra a Dó

1 (a) Cad a rinne an buachaill óg seo nuair a bhí sé an-óg?

____

(b) Cad a rinne tuismitheoirí an bhuachalla seo láithreach?

____

2 (a) Cén damáiste a tharla dó?

____

(b) Cén fáth go raibh air traicéatóime a fháil?

____

3 An bhfuil an buachaill óg seo réidh leis an ospidéal? (*dhá phointe ag teastáil*)

(a) ____

(b) ____

Cuid B

- Cloisfidh tú **dhá** chomhrá sa chuid seo.
- Cloisfidh tú iad **faoi dhó**.
- Cloisfidh tú é don chéad uair ina iomlán; ansin cloisfidh tú é don dara uair agus beidh sos ann idir an chéad mhír agus an dara mír.
- Éist go cúramach anois agus scríobh síos na freagraí chomh cruinn agus is féidir leat.

CD1

T26–28 Comhrá a hAon

An Chéad Mhír

1 (a) Cén fáth nach maith le Pól an tsiopadóireacht?

____

(b) Cad tá ar intinn aige a cheannach? Cén fáth?

____

2 Ar bhain Saoirse taitneamh as an bPicnic Leictreach anuraidh? (*dhá phointe ag teastáil)*

(a) ________________________________

(b) ________________________________

An Dara Mír

1 (a) Cén fáth go mbíonn Saoirse in éad le muintir na Spáinne agus le muintir na Fraince?

____

(b) Cén difríocht a bheidh ann i mbliana dar le Pól dá dtiocfadh Saoirse leo?

____

CD1

T29–31 Comhrá a Dó

An Chéad Mhír

1 Cén fáth nach raibh Bríd sásta leis an gceist ar an dráma *An Triail?*

____

2 Ar thaitin an dráma féin le Bríd? Cá bhfios dúinn? (*dhá phointe ag teastáil)*

____

____

An Dara Mír

1 (a) Cén fhadhb a bhí ann maidir leis an bpáipéar Cuntasaíochta?

____

(b) Cén fáth, dar le Bríd, nach dtarlóidh an botún sin arís?

____

Cuid C

- Cloisfidh tú **dhá** phíosa nuachta sa chuid seo.
- Cloisfidh tú iad **faoi dhó**.
- Beidh sos ann tar éis gach míre díobh chun na freagraí a scríobh síos.
- Éist go cúramach anois agus scríobh síos na freagraí chomh cruinn agus is féidir leat.

CD1

T32–33 Píosa a hAon

1 (a) Cén cuireadh atá i gceist?

____

(b) Cén plé a bheidh ar siúl?

____

2 Cén seans a bheidh ag daoine?

____

3 Cad a tharlóidh níos déanaí?

____

CD1

T34–35 Píosa a Dó

1 Cé a sheol an leabhar seo?

____

2 Cad tá sa leabhar seo?

____

3 Cé a thug ardmholadh do na scoláirí?

____

Foclóir sna ceisteanna

Déan staidéar ar an bhfoclóir seo. Ansin déan iarracht an scrúdú a dhéanamh ar an gcéad leathanach eile.

Cad?	*What?*
Cad atá ar intinn?	*What is intended?*
Conas?	*How?*
Cén ról?	*What role?*
Léirigh	*Show*
Cén damáiste?	*What damage?*
An bhfuil?	*Is there?*
Ar thaitin?	*Did (one) like?*
Ar bhain sí taitneamh as?	*Did she enjoy?*
Cén fáth?	*Why?*
Maidir leis ...	*Regarding ...*
Cá bhfios dúinn?	*How do we know?*
Cén fhadhb?	*What problem?*
Cad?	*What?*
Cén cuireadh?	*What invitation?*
Cén plé?	*What discussion?*
Cé?	*Who?*
Cén seans?	*What chance?*
Cé a sheol?	*Who launched?*
Cén comhlacht?	*What company?*
Cá fhad?	*What length of time / distance?*
Cé mhéad?	*How much?*
An maith le?	*Does (one) like?*
Cá bhfuil?	*Where is?*
Cathain?	*When?*
Cén fhéile?	*What festival?*
Cén suirbhé?	*What survey?*
Cad a tharlóidh?	*What will happen?*

Foclóir eile

Bí cinnte go dtuigeann tú brí na bhfocal seo agus ansin déan iarracht scrúdú beag a dhéanamh ar an gcéad leathanach eile.

cloiste, comhlacht	*heard, company*
teileachumarsáid	*telecommunications*
seachas	*except*
faoi láthair	*at present*
urlabhraí	*spokesperson*
in aghaidh an nóiméid	*per minute*
ag teastáil	*wanted / needed*
Páirtí an Lucht Oibre	*Labour Party*
ardú, bréan	*rise, tired of*
á robáil, a chinntiú	*being robbed, to ensure*
suirbhé	*survey*
An tAontas Eorpach	*The European Union*
línte talún	*landlines*
is daoire	*most expensive*
d'admhaigh, billí	*admitted, bills*
ag fáil lascaine	*getting a discount*
pacáistí, roinn	*packages, department*
cumarsáid	*communications*
fuinneamh, Aire	*energy, Minister*
acmhainní, nádúrtha	*resources, natural*
iomaíocht, earnáil	*competition, sector*
ag brú síos	*pushing down*
caighdeán, obráid	*standard, operation*
sóid loiscneach	*caustic soda*
tuilleadh, moill	*more, delay*
gan a thuilleadh moille	*without further delay*
dóite, scornach	*burnt, throat*
poll / poill	*hole / holes*
cumas, a shlogadh	*ability, swallow*
scamhóga, tacaíocht	*lungs, support*
máinliacht phlaisteach	*plastic surgery*
dochreidte, freastal ar	*unbelievable, to attend*
deacrachtaí	*difficulties*

cróga, coinne	*brave, appointment*
go rialta	*regularly*
is gráin liom	*I hate*
scuainí, puball	*queues, tent*
i gceann míosa	*in a month*
mála codlata	*sleeping bag*
boladh, gránna	*smell, ugly*
leithreas	*toilet*
in éad le	*jealous of*
ní fiú	*(it's) not worth*
de shíor	*eternally*
áiseanna	*facilities*
ionad campála	*camping site*
machnamh	*thought*
teachtaireacht, raic	*message, commotion*
uilíoch, casta	*universal, complicated*
ar iarraidh	*missing*
cuntasaíocht, faoi bhrú	*accounting, under pressure*
córas na bpointí	*points system*
foghlamtha	*learnt*
deirimse leat	*I tell you*
coimisiún, cuireadh	*commission, invitation*
ionad pobail	*community centre*
club cultúrtha	*cultural club*
plé, díospóireacht	*discussion, debate*
féile, moltaí	*festival, recommendations*
le gairid, sinsear	*recently, senior / ancestor*
teach altranais	*nursing home*
curtha i gcló	*printed*
nuachumtha	*newly composed*
Ardeaspag	*Archbishop*
Rang na hArdteistiméireachta Feidhmí	*Leaving Cert Applied Class*
tionscadal	*project*

Scrúdú ar an bhfoclóir sna ceisteanna

Líon isteach brí na bhfocal seo chomh cruinn agus is féidir leat.

Cad?	
Cad atá ar intinn?	
Conas?	
Cén ról?	
Léirigh	
Cén damáiste?	
An bhfuil?	
Ar thaitin?	
Ar bhain sí taitneamh as?	
Cén fáth?	
Maidir leis ...	
Cá bhfios dúinn?	
Cén fhadhb?	
Cad?	
Cén cuireadh?	
Cén plé?	
Cé?	
Cén seans?	
Cé a sheol?	
Cén comhlacht?	
Cá fhad?	
Cé mhéad?	
An maith le?	
Cá bhfuil?	
Cathain?	
Cén fhéile?	
Cén suirbhé?	
Cad a tharlóidh?	

Scrúdú ar an bhfoclóir eile

Líon isteach brí na bhfocal seo chomh cruinn agus is féidir leat.

cloiste	
comhlacht	
teileachumarsáid	
seachas	
faoi láthair	
urlabhraí	
in aghaidh an nóiméid	
ag teastáil	
Páirtí an Lucht Oibre	
ardú	
bréan	
á robáil	
a chinntiú	
suirbhé	
An tAontas Eorpach	
línte talún	
is daoire	
d'admhaigh	
billí	
ag fáil lascaine	
pacáistí	
roinn	
cumarsáid	
fuinneamh	
Aire	
acmhainní	
nádúrtha	
iomaíocht	
earnáil	
ag brú síos	
caighdeán	
obráid	
sóid loiscneach	
tuilleadh	
moill	

gan a thuilleadh moille	
dóite	
scornach	
poll / poill	
cumas	
a shlogadh	
scamhóga	
tacaíocht	
máinliacht phlaisteach	
dochreidte	
freastal ar	
deacrachtaí	
cróga	
coinne	
go rialta	
is gráin liom	
scuainí	
puball	
i gceann míosa	
mála codlata	
boladh	
gránna	
leithreas	
in éad le	
ní fiú	
de shíor	
áiseanna	
ionad campála	
machnamh	
teachtaireacht	
raic	
uilíoch	
casta	
ar iarraidh	
cuntasaíocht	
faoi bhrú	
córas na bpointí	

foghlamtha	
deirimse leat	
coimisiún	
cuireadh	
ionad pobail	
club cultúrtha	
plé	
díospóireacht	
féile	
moltaí	
le gairid	
sinsear	
teach altranais	
curtha i gcló	
nuachumtha	
Ardeaspag	
Rang na hArdteistiméireachta Feidhmí	
tionscadal	

Foclóir do Thriail Chluastuisceana 2009

Déan staidéar ar an bhfoclóir seo ó scrúdú na hArdteistiméireachta 2009. Bí cinnte go dtuigeann tú brí na bhfocal seo agus ansin déan iarracht an scrúdú a dhéanamh ar an gcéad leathanach eile.

Cuid A

Fógra a hAon	
fógartha	*announced*
Féile Scannán an Daingin	*film festival of Dingle*
ceiliúradh speisialta	*special celebration*
le linn	*during*
an fhéile	*the festival*
sa Daingean	*in Dingle*
ban-aisteoir	*actress*
ag freastal ar	*attending*
páirt	*part*
iníon	*daughter*
páirt na hiníne	*the part of the daughter*
iarthar	*west*
tionscal na turasóireachta	*the tourism industry*

Fógra a Dó	
dar teideal	*called*
mí na Samhna	*the month of November*
cuir i láthair	*present*
comhurraíocht	*co-sponsorship*
meascán	*mix*
ceol traidisiúnta	*traditional music*
popcheol	*pop music*
á sheinm	*being played*
ó am go ham	*from time to time*
freagraí cearta	*right answers*
duais	*prize*
a bhronntar	*that are presented*
t-léinte	*t-shirts*
fístéipeanna	*videos*
dlúthdhioscaí	*cds*

Fógra a Trí	
Raidió na Life	*Liffey Radio*
léitheoirí nuachta	*news readers*
páirtaimseartha	*part time*
tuarastal	*pay / salary*
íocfar	*will be paid*
costais taistil	*travel costs*
cúrsa traenála	*training costs*
ar feadh	*for (duration)*
cáilíocht	*qualification*
riachtanach	*essential*
caighdeán ard Gaeilge	*high standard of Irish*
spéis sa chraoltóireacht	*interest in broadcasting*
is iomaí	*many*
eolas breise	*further / extra information*
seol ríomhphost	*send an e-mail*
buail isteach chuig	*call in to*
Cearnóg Mhuirfean	*Merrion Square*

Cuid B

Comhrá a hAon	
ag tnúth go mór le	*looking forward to*
turas scoile	*school trip*
Meitheamh / mí an Mheithimh	*June / month of June*
is breá duit	*it's well for you*
scrúduithe	*exams*
an Teastas Sóisearach	*Junior Certificate*
is trua sin	*that's a pity*
mothóimid uainn thú	*we will miss you*
Páras	*Paris*
anuraidh	*last year*
an Spáinn	*Spain*
cathair	*city*
chomh hálainn	*so beautiful*
in éad leat	*jealous of you*
cuairt	*visit*
Parlaimint na hEorpa	*The European Parliament*
teachta	*representative*
teanga oibre	*working language*
dochreidte	*unbelievable*
spéis	*interest*
aistritheoir	*translator*
céim ollscoile	*university degree*
Gearmáinis	*German*
seans an-mhaith	*very good chance*
trí theanga	*three languages*
folúntas	*vacancy*
Gaeilge mhaith	*good Irish*
ag cur leis na seirbhísí aistriúcháin	*adding to the translation services*
ag obair chomh crua	*working so hard*
an tábhacht	*the importance (of)*
pleanáil	*planning*
go fadtéarmach	*long-term*

Comhrá a Dó	
d'aigne, socraithe	*your mind, decided*
cúrsa tríú leibhéal	*third-level course*
go fóill	*yet*
dáta deiridh	*last date*
seoladh na foirme	*the sending of the form*
líonta	*filled*
eolaíocht an bhia	*food science*
Coláiste na hOllscoile, BÁC	*University College Dublin*
mo chéad rogha	*my first choice*
roghnaigh	*chose*
cúrsa traenála	*training course*
múinteoirí bunscoile	*primary teachers*
i Luimneach	*in Limerick*
ab fhearr liom	*I would prefer*
cócaire	*cook / chef*
bialann, cáiliúil	*restaurant, famous*
lá éigin	*some day*
in ionad	*instead of*
staidéar, Cuntasaíocht	*study, Accounting*
cócaireacht	*cooking*
comhairle	*advice*
Eacnamaíocht Bhaile	*Home Economics*
dúil mhór	*great desire / interest*
cuir isteach ort	*bother you / upset*
puinn	*not at all*
ní fíor é sin	*that's not true*
scata	*group*
tá a fhios ag an saol mór	*everyone knows*
na príomhchócairí	*the main chefs / cooks*
is fíor duit	*you're right*
bunscileanna	*basic skills*
ubh a fhriochadh	*to fry an egg*
a ullmhú	*to prepare*

Comhrá a Trí	
iontach	*wonderful*
bua	*win*
an tseachtain seo caite	*last week*
milliún	*million*
suim rómhór	*too much interest*
a roinnt	*to divide*
riamh	*ever*
ar fáil	*available*
poiblíocht	*publicity*
gan amhras	*without doubt*
mholfainn	*I would advise*
an duine / an ceann	*per person / thing*
seachas	*instead*
ní dóigh liom é	*I don't think*
saineolaithe	*experts*
locht	*blame / fault*
scéimeanna sóisialta	*social schemes*
is fíor duit	*you're right*
club leadóige	*tennis club*
ní mó ná sásta	*wasn't a bit happy*
Cumann Lúthchleas Gael	*Gaelic Athletic Association*
saibhir go leor	*rich enough*
ballraíocht ard	*high membership*
áiseanna	*facilities*
den scoth	*the best*
lagthrá eacnamaíochta	*economic depression*
éileamh	*demand*
le spáráil	*to spare*
a mhalairt ar fad	*the opposite is the case*
fírinne	*truth*
seanfhocal	*proverb*

Cuid C

Píosa a hAon	
d'eagraigh	*organised*
coiste na mac léinn	*students' committee*
Ollscoil na hÉireann, Gaillimh	*NUI Galway*
maidin chaife	*coffee morning*
An Cheathrú Rua	*Carraroe*
le déanaí	*recently*
a bhailiú	*to collect*
ionad sóisialta	*social centre*
comhluadar, seirbhísí	*company, services*
ar fáil	*available*
fadhbanna	*problems*
mná tí	*house wives*
saor in aisce	*free*
bhailigh siad	*they collected*
bronnadh	*was presented*
an seic	*the cheque*

Píosa a Dó	
bád iascaigh	*fishing boat*
tá sé ar intinn ag	*he intends*
seolfaidh sé é	*he will sail it*
cáiliúil	*famous*
trasna na dtonnta	*across the waves*
troigh	*feet*
chosain sé	*it cost*
deacrachtaí	*difficulties*
maidir le	*with regard to*
costas breosla	*cost of fuels*
cuotaí éisc	*fishing quotas*
dóchas	*hope*
rath ar an iascaireacht	*luck on the fishing*

Píosa a Trí	
scór	*score / twenty*
Na Clocha Liatha	*Greystones*
roimh dheireadh na bliana	*before the end of the year*
ollmhargadh	*supermarket*
comharchumann	*cooperative*
lárionad gnó	*business centre*
suite	*situated*
bunaíodh	*was founded*
an pobal	*the public / community*
ag baint leasa as	*benefiting from*
ó shin, brainsí	*since then, branches*
ar fud, fostaithe	*around, employed*

Scrúdú foclóra

Líon isteach brí na bhfocal seo ó scrúdú na hArdteistiméireachta 2009 chomh cruinn agus is féidir leat.

Cuid A

Fógra a hAon	
fógartha	
Féile Scannán an Daingin	
ceiliúradh speisialta	
le linn	
an fhéile	
sa Daingean	
ban-aisteoir	
ag freastal ar	
páirt	
iníon	
páirt na hiníne	
iarthar	
tionscal na turasóireachta	

Fógra a Dó	
dar teideal	
mí na Samhna	
cuir i láthair	
comhurraíocht	
meascán	
ceol traidisiúnta	
popcheol	
á sheinm	
ó am go ham	
freagraí cearta	
duais	
a bhronntar	
t-léinte	
fístéipeanna	
dlúthdhioscaí	

Fógra a Trí	
Raidió na Life	
léitheoirí nuachta	
páirtaimseartha	
tuarastal	
íocfar	
costais taistil	
cúrsa traenála	
ar feadh	
cáilíocht	
riachtanach	
caighdeán ard Gaeilge	
spéis sa chraoltóireacht	
is iomaí	
eolas breise	
seol ríomhphost	
buail isteach chuig	
Cearnóg Mhuirfean	

Cuid B

Comhrá a hAon	
ag tnúth go mór le	
turas scoile	
Meitheamh / mí an Mheithimh	
is breá duit	
scrúduithe	
an Teastas Sóisearach	
is trua sin	
mothóimid uainn thú	
Páras	
anuraidh	
an Spáinn	
cathair	
chomh hálainn	
in éad leat	
cuairt	
Parlaimint na hEorpa	
teachta	
teanga oibre	
dochreidte	
spéis	
aistritheoir	
céim ollscoile	
Gearmáinis	
seans an-mhaith	
trí theanga	
folúntas	
Gaeilge mhaith	
ag cur leis na seirbhísí aistriúcháin	
ag obair chomh crua	
an tábhacht	
pleanáil	
go fadtéarmach	

Comhrá a Dó	
d'aigne	
socraithe	
cúrsa tríú leibhéal	
go fóill	
dáta deiridh	
seoladh na foirme	
líonta	
eolaíocht an bhia	
Coláiste na hOllscoile, BÁC	
mo chéad rogha	
roghnaigh	
cúrsa traenála	
múinteoirí bunscoile	
i Luimneach	
ab fhearr liom	
cócaire, bialann, cáiliúil	
lá éigin	
in ionad	
staidéar, cuntasaíocht	
cócaireacht	
mo chomhairle	
Eacnamaíocht Bhaile	
dúil mhór	
cuir isteach ort	
puinn	
ní fíor é sin	
scata	
tá a fhios ag an saol mór	
na príomhchócairí	
is fíor duit	
bunscileanna	
ubh a fhriochadh	
a ullmhú	

Comhrá a Trí	
iontach	
bua	
an tseachtain seo caite	
milliún	
suim rómhór	
a roinnt	
riamh	
ar fáil	
poiblíocht	
gan amhras	
mholfainn	
an duine / an ceann	
seachas	
ní dóigh liom é	
saineolaithe	
locht	
scéimeanna sóisialta	
is fíor duit	
club leadóige	
ní mó ná sásta	
Cumann Lúthchleas Gael	
saibhir go leor	
ballraíocht ard	
áiseanna	
den scoth	
lagthrá eacnamaíochta	
éileamh	
le spáráil	
a mhalairt ar fad	
fírinne	
seanfhocal	

Cuid C

Píosa a hAon	
d'eagraigh	
coiste na mac léinn	
Ollscoil na hÉireann, Gaillimh	
maidin chaife	
An Cheathrú Rua	
le déanaí	
a bhailiú	
ionad sóisialta	
comhluadar	
seirbhísí	
ar fáil	
fadhbanna	
mná tí	
saor in aisce	
bhailigh siad	
bronnadh	
an seic	

Píosa a Dó	
bád iascaigh	
tá sé ar intinn ag	
seolfaidh sé é	
cáiliúil	
trasna na dtonnta	
troigh	
chosain sé	
deacrachtaí	
maidir le	
costas breosla	
cuotaí éisc	
dóchas	
rath ar an iascaireacht	

Píosa a Trí	
scór	
Na Clocha Liatha	
roimh dheireadh na bliana	
ollmhargadh	
comharchumann	
lárionad gnó	
suite	
bunaíodh	
an pobal	
ag baint leasa as	
ó shin	
brainsí	
ar fud	
fostaithe	

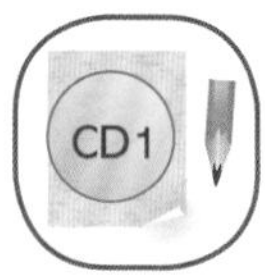

T36

Scrúdú 50

Scrúdú ar fhoclóir Aonad a Dó agus ar fhoclóir na hArdteistiméireachta 2009. Cloisfidh tú na focail *faoi dhó*. Éist go cúramach agus scríobh síos na focail a chloiseann tú chomh cruinn agus is féidir leat.

1	______	26	______
2	______	27	______
3	______	28	______
4	______	29	______
5	______	30	______
6	______	31	______
7	______	32	______
8	______	33	______
9	______	34	______
10	______	35	______
11	______	36	______
12	______	37	______
13	______	38	______
14	______	39	______
15	______	40	______
16	______	41	______
17	______	42	______
18	______	43	______
19	______	44	______
20	______	45	______
21	______	46	______
22	______	47	______
23	______	48	______
24	______	49	______
25	______	50	______

An marc a fuair tú: ☐ as 50.

Aonad 3

Ábhair

Clár CD 1

Aonad 3

37 Fógra a hAon, Cuid A
38 Fógra a hAon, Cuid A
39 Fógra a Dó, Cuid A
40 Fógra a Dó, Cuid A
41 Comhrá a hAon, Cuid B
42 Comhrá a hAon — An Chéad Mhír, Cuid B
43 Comhrá a hAon — An Dara Mír, Cuid B
44 Comhrá a Dó, Cuid B
45 Comhrá a Dó — An Chéad Mhír, Cuid B
46 Comhrá a Dó — An Dara Mír, Cuid B

Clár CD 2

Aonad 3 ar lean

1 Réamhrá
2 Píosa a hAon, Cuid C
3 Píosa a hAon, Cuid C
4 Píosa a Dó, Cuid C
5 Píosa a Dó, Cuid C
6 Scrúdú 50, Aonad 3

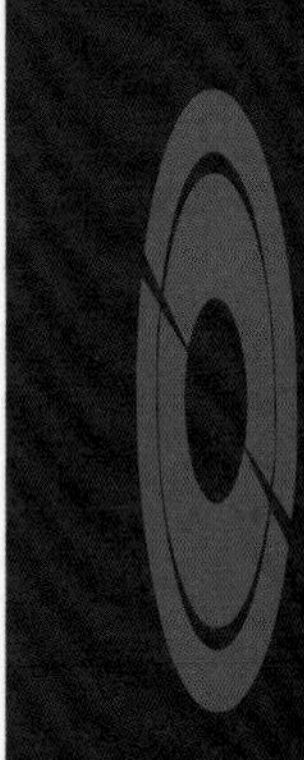

Cuid A

- Cloisfidh tú **dhá** fhógraí sa chuid seo.
- Cloisfidh tú iad **faoi dhó**.
- Beidh sos ann tar éis gach míre díobh chun na freagraí a scríobh síos.
- Éist go cúramach anois agus scríobh síos na freagraí chomh cruinn agus is féidir leat.

CD1 T37–38 Fógra a hAon

1 Cén buntáiste atá ag baint leis na rónta seo, dar le lucht feachtais chomhshaoil?

____

2 Cén fáth nach bhfuil iascairí na tíre sásta leis na rónta seo?

____

3 Cad tá ag teastáil ar an ábhar seo?

____

CD1 T39–40 Fógra a Dó

1 Cad a deirtear faoi mhná tí óga anseo?

____

2 Cén fáth go bhfuil todhchaí na gcoláistí samhraidh slán?

____

3 Cén chabhair a thugann na coláistí samhraidh do scoláirí?

____

Cuid B

- Cloisfidh tú **dhá** chomhrá sa chuid seo.
- Cloisfidh tú iad **faoi dhó**.
- Cloisfidh tú é don chéad uair ina iomlán; ansin cloisfidh tú é don dara uair agus beidh sos ann idir an chéad mhír agus an dara mír.
- Éist go cúramach anois agus scríobh síos na freagraí chomh cruinn agus is féidir leat.

CD1

T41–43 Comhrá a hAon

An Chéad Mhír

1 (a) Cén fáth nár chuala Lorcán faoin turas?

____

(b) Cén fáth ar roghnaigh siad Ciarraí?

____

2 (b) Cad a dhéantar sa chomórtas seo?

____

An Dara Mír

1 (a) Cad ba mhaith le hÁine a fheiceáil níos mó ná aon rud eile?

____

(b) Cén rud ab fhearr le Lorcán?

____

CD1

T44–46 Comhrá a Dó

An Chéad Mhír

1 (a) Cad tá ar intinn ag Seán agus ag a theaghlach?

____

(b) Cén fáth nach bhfuil Seán sásta leis an eolas a thugann Órla dó ar dtús?

____

2 (a) Cén dá phointe eolais a thugann Órla faoi JFK?

____

(b) An bhfuil sé éasca ticéad a fháil do na cluichí Red Sox? Cén fáth?

____

An Dara Mír

1 Cad a dúirt Órla faoin teach tábhairne Cheers? (*dhá phointe ag teastáil*)

(a) ______________________________

(b) ______________________________

2 Cén moladh a thugann Órla do Sheán ag an deireadh?

____

Cuid C

- Cloisfidh tú **dhá** phíosa nuachta sa chuid seo.
- Cloisfidh tú iad **faoi dhó**.
- Beidh sos ann tar éis gach míre díobh chun na freagraí a scríobh síos.
- Éist go cúramach anois agus scríobh síos na freagraí chomh cruinn agus is féidir leat.

CD2

T2–3 Píosa a hAon

1 Cén ghairm bheatha atá ag Terry Wogan?

____

2 Cad a bheidh ar siúl aige i Luimneach?

____

3 Cén bhaint atá aige le Sasana?

____

CD2

T4–5 Píosa a Dó

1 Cá mbeidh an oíche speisialta seo ar siúl?

____

2 Cad í aidhm na hócáide seo?

____

3 Cad a bheidh á dhéanamh ag Seosamh Ó Murchú?

____

Foclóir sna ceisteanna

Déan staidéar ar an bhfoclóir seo. Ansin déan iarracht an scrúdú a dhéanamh ar an gcéad leathanach eile.

Cad?	*What?*
Cá bhfuil?	*Where is?*
Cé? Conas?	*Who? How?*
Cé mhéad?	*How much?*
Luaigh, Cérbh?	*Mention, Who?*
Cárbh as?	*From where?*
Cén fáth? Cén?	*Why? Which?*
Cad atá ag teastáil?	*What is needed / wanted?*
Roghnaigh	*Choose*
Cá mbeidh?	*Where will?*
Cén rud ab fhearr?	*What would be preferred?*
Déan cur síos	*Describe*
Cad atá ar siúl?	*What is on / happening?*
Cén bhaint?	*What connection?*

Foclóir eile

Bí cinnte go dtuigeann tú brí na bhfocal seo agus ansin déan iarracht scrúdú beag a dhéanamh ar an gcéad leathanach eile.

conspóid, rónta, iascairí, áirithe	*controversy, seals, fishermen, various*
den tuairim	*of the opinion*
an iomarca	*too much*
ciondíothú	*culling*
feachtas, dlí, éileamh, beocht, todhchaí	*campaign, law, demand, life, future*
mar gheall ar	*because of*
a fheabhsú	*to improve*
deora	*tears*
ag brath	*depending*
idirlíon, seol, ríomhphost, sluaite, roghnaigh	*internet, send, e-mail, crowds, choose*
Tír Chonaill	*Dún na nGall*
ceiliúradh	*celebration*
ag gearán	*complaining*
ambasadóir, imeachtaí, féile	*ambassador, events, festival*
paráid sráide	*street parade*
buaicphointe	*climax*
tar éis an tsaoil	*after all*
tréimhse, deis, cuairteoirí, blaiseadh, ealaín	*period of time, opportunity, visitors, taste, art*
iarsmalann	*museum*
dánlann	*gallery*
lig dom	*let me*
uachtarán	*president*
Stáit Aontaithe	*United States*
stairiúil, cáiliúil, treoracha	*historical, famous, directions*
drogall ort	*reluctant*
mapaí, craoltóir	*maps, broadcastor*
áit dhúchais	*native place*
taifeadadh, dírbheathaisnéis, réalta	*recording, autobiography, star*
le linn	*during*
teach tábhairne	*pub*
cead isteach	*entry fee*
saor in aisce	*free*
beo	*live*
tuilleadh eolais	*more information*

Scrúdú ar an bhfoclóir sna ceisteanna

Líon isteach brí na bhfocal seo chomh cruinn agus is féidir leat.

Cad?	
Cá bhfuil?	
Cé? Conas?	
Cé mhéad?	
Luaigh, cérbh?	
Cárbh as?	
Cén fáth?	
Cén?	
Cad atá ag teastáil?	
Roghnaigh	
Cá mbeidh?	
Cén rud ab fhearr?	
Déan cur síos	
Cad atá ar siúl?	
Cén bhaint?	

Scrúdú ar an bhfoclóir eile

Líon isteach brí na bhfocal seo chomh cruinn agus is féidir leat.

conspóid	
rónta	
iascairí	
áirithe	
den tuairim	
an iomarca	
ciondíothú	
feachtas	
dlí	
éileamh	
beocht	
todhchaí	
mar gheall ar	
a fheabhsú	
deora	
ag brath	
idirlíon	

seol, ríomhphost, sluaite	
roghnaigh	
Tír Chonaill	
ceiliúradh	
ag gearán	
ambasadóir, imeachtaí, féile	
paráid sráide	
buaicphointe	
tar éis an tsaoil	
tréimhse, deis	
cuairteoirí	
blaiseadh	
ealaín, iarsmalann	
dánlann	
lig dom	
uachtarán	
Stáit Aontaithe	
stairiúil	
cáiliúil	
treoracha	
drogall ort	
mapaí, craoltóir	
áit dhúchais	
taifeadadh	
dírbheathaisnéis	
réalta	
le linn	
teach tábhairne	
cead isteach	
saor in aisce	
beo	
tuilleadh eolais	

Foclóir do Thriail Chluastuisceana 2008

Déan staidéar ar an bhfoclóir seo ó scrúdú na hArdteistiméireachta 2008. Bí cinnte go dtuigeann tú brí na bhfocal seo agus ansin déan iarracht an scrúdú a dhéanamh ar an gcéad leathanach eile.

Cuid A

Fógra a hAon	
fógraíonn	*announces*
nuachtán náisiúnta	*national newspaper*
comórtas	*competition*
do mhic léinn	*for students*
ag ullmhú	*preparing*
aiste, míosúil	*essay, monthly*
a leanfaidh	*that will follow*
mí na Samhna	*the month of November*
mí Feabhra	*the month of February*
roghnófar	*will be chosen*
ábhair, tráthúil	*subjects, topical*
spéisiúil, urraíocht	*interesting, sponsorship*
an fhoirm iontrála	*the entry form*
duais, caoga, céad	*prize, fifty, hundred*
luach, earraí	*value, goods*
foilseofar	*will be published*
foinse	*source*

Fograí a Dó	
Fondúireacht Eolaíochta	*Science Foundation*
comhlacht ríomhaireachta	*computer company*
scéim scoláireachta	*scholarship scheme*
tríú leibhéal	*third level*
bronnfar	*will be presented*
cáilithe, céim	*qualified, degree*
innealtóireacht	*engineering*
freastal, céimeanna	*attend, degrees*
i mbliana	*this year*
in aghaidh na bliana	*each year*
ríomhaire glúine	*laptop*
socrófar	*will be arranged*
tréimhse, taighde	*period of time, research*
i rith an tsamhraidh	*during the summer*
saotharlann, acadúil	*laboratory, academic*
le fáil, ríomhphost	*available, e-mail*

Fógra a Trí	
comhlacht léirithe teilifíse	*television production company*
fáilteoir, á lorg, fuinniúil	*receptionist, sought, energetic*
oifig ghnóthach	*busy office*
faoi bhrú	*under pressure*
as a stuaim féin	*on their own initiative*
Port Láirge	*Waterford*
ceanncheathrú	*headquaters*
a cheapfar	*will be appointed*
dualgais bhreise rúnaíochta	*extra secretarial duties*
riarachán	*administration*
Gaeilge labhartha agus scríofa	*spoken and written Irish*
caighdeán ard	*high standard*
riachtanach, seol	*essential, post / send*
litir iarratais	*letter of application*
Dún Garbháin	*Dungarvan*

Cuid B

Comhrá a hAon	
saoire na Cásca	*Easter holiday*
sa Spáinn, tithe	*in Spain, houses*
ag dul amach ar pinsean	*going out on a pension*
teach saoire	*holiday house*
gar do	*near to*
teastaíonn uathu	*they want*
geimhreadh	*winter*
ar díol	*for sale*
cén chaoi?	*how?*
ceantálaí, cráite	*auctioneer, worried*
ag moladh	*praising*
plean iontach	*wonderful plan*
buntáistí	*advantages*
ar bheagán costais	*for little cost*
am ar bith	*anytime*
taisteal, difriúil	*travel, different*
an Fhrainc	*France*
malairt intinne	*change of mind*
sos	*break*
céim innealtóireachta	*engineering degree*
dar ndóigh	*of course*
a leithéid	*such*
d'oirfeadh sé duit	*it would suit you*
an Spáinnis	*Spanish*
cuir uait an smaoineamh sin	*get rid of that thought*
comhairle	*advice*

Comhrá a Dó	
comhghairdeas	*congratulations*
mainicín	*model*
is deise, seó	*nicest, show*
naíonra	*playschool*
taobh leis an	*beside*
slua	*crowd*

thart ar an méid sin	*about that amount*
faisean	*fashion*
bainim an-taitneamh as	*I really enjoy*
ag taispeáint	*showing*
éadaí na bhfear	*men's clothes*
thar a bheith dathúil	*very good-looking*
leadránach	*boring*
deiseanna, cruthú	*opportunities, proof*
aineolas, gairm	*ignorance, career*
strus	*stress*
tuilleann	*earns*
claonadh	*tendency*
taobh dorcha	*dark side*
in aon chor	*at all*
fónta	*worthwhile*

Comhrá a Trí	
ag díol	*selling*
bláthanna	*flowers*
Cumann Ailse na hÉireann	*The Irish Cancer Society*
scór	*twenty*
éacht	*great deed*
mise á rá leat	*I'm telling you*
san aon lá amháin	*in the same day*
creid é nó ná creid	*believe it or not*
ar dualgas	*on duty*
ollmhargadh	*supermarket*
monarcha	*factory*
muintir na hÉireann	*the people of Ireland*
leithleasach	*selfish*
nóta caoga euro	*fifty euro note*
comhartha aitheantais	*sign of recognition*
tábhachtach	*important*
mionbhus	*minibus*
ospís	*hospice*
fostófar	*will be employed*
altraí, breise, Aire	*nurses, extra, Minister*
leapacha breise	*extra beds*
cuidiú libh	*to help you (plural)*

Cuid C

Píosa a hAon	
leabharlann	*library*
tamall ó shin	*a while ago*
foirgneamh	*building*
an stór	*the store*
i gceartlár an bhaile	*in the centre of the town*
suite, comhlacht	*situated, company*
le fíordhéanaí	*very recently*
seachas, gruagaire	*except, hairdresser*
siopa caife	*coffee shop*
comhairle contae	*county council*
léas, áis	*lease, facility*
nua-aimseartha	*modern*
idirlíon, leathanbhanda	*internet, broadband*
meaisín cóipeála	*photocopying machine*
rogha, leathan	*choice, broad*
daoine fásta, páistí	*adults, children*

Píosa a Dó	
léireoidh	*will show*
dráma	*drama*
údar	*author*
aitheanta	*recognised*
amhráin	*songs*
agallaimh bheirte	*conversations*
aisteoirí	*actors*
glacadh leis	*was accepted*
a aistriú	*to translate*
a léiriú	*to produce*
i rith an fhómhair	*during the autumn*
Féile Náisiúnta Drámaíochta	*National Drama Festival*

Píosa a Trí	
muintir	*people*
Dún na nGall	*Donegal*
ag ceiliúradh	*celebrating*
an deireadh seachtaine seo caite	*last weekend*
ag tabhairt ómóis do	*giving respect to*
trí scór	*three score, 20×3 = 60*
paróistí	*parishes*
mar shagart	*as a priest*
taisteal	*travel*
don ócáid	*for the occasion*
meas, a thaispeáint	*respect, to show*
ochtó, rian, seanaois	*eighty, trace, old age*
gan spéaclaí	*without spectacles*
i rith an Aifrinn	*during the Mass*

Scrúdú Foclóra

Líon isteach brí na bhfocal seo ó scrúdú na hArdteistiméireachta 2008 chomh cruinn agus is féidir leat.

Cuid A

Fógra a hAon	
fógraíonn	
nuachtán náisiúnta	
comórtas	
do mhic léinn	
ag ullmhú	
aiste, míosúil	
a leanfaidh	
mí na Samhna	
mí Feabhra	
roghnófar	
ábhair, tráthúil	
spéisiúil, urraíocht	
an fhoirm iontrála	
duais, caoga, céad	
luach, earraí, foilseofar	
foinse	

Fógra a Dó	
Fondúireacht Eolaíochta	
comhlacht ríomhaireachta	
scéim scoláireachta	
tríú leibhéal	
bronnfar, cáilithe, céim	
innealtóireacht	
freastal, céimeanna	
i mbliana	
in aghaidh na bliana	
ríomhaire glúine	
socrófar	
tréimhse, taighde	
i rith an tsamhraidh	
saotharlann, acadúil	
le fáil, ríomhphost	

Fógra a Trí	
comhlacht léirithe teilifíse	
fáilteoir, á lorg	
fuinniúil	
oifig ghnóthach	
faoi bhrú	
as a stuaim féin	
Port Láirge	
ceanncheathrú	
a cheapfar	
dualgais bhreise rúnaíochta	
riarachán	
Gaeilge labhartha agus scríofa	
caighdeán ard	
riachtanach, seol	
litir iarratais	
Dún Garbháin	

Cuid B

Comhrá a hAon	
saoire na Cásca	
sa Spáinn, tithe	
ag dul amach ar pinsean	
teach saoire	
gar do	
teastaíonn uathu	
geimhreadh	
ar díol	
cén chaoi?	
ceantálaí	
cráite	
ag moladh	
plean iontach	
buntáistí	
ar bheagán costais	
am ar bith	
taisteal, difriúil	
an Fhrainc	
malairt intinne	
sos	
céim innealtóireachta	
dar ndóigh	
a leithéid	
d'oirfeadh sé duit	
an Spáinnis	
cuir uait an smaoineamh sin	
comhairle	

Comhrá a Dó	
comhghairdeas, mainicín	
is deise	
seó, naíonra	
taobh leis an	
slua	
thart ar an méid sin	

faisean	
bainim an-taitneamh as	
ag taispeáint	
éadaí na bhfear	
thar a bheith dathúil	
leadránach	
deiseanna	
cruthú	
aineolas	
gairm	
strus	
tuilleann	
claonadh	
taobh dorcha	
in aon chor	
fónta	

Comhrá a Trí	
ag díol	
bláthanna	
Cumann Ailse na hÉireann	
scór, éacht	
mise á rá leat	
san aon lá amháin	
creid é nó ná creid	
ar dualgas	
ollmhargadh, monarcha	
muintir na hÉireann	
leithleasach	
nóta caoga euro	
comhartha aitheantais	
tábhachtach	
mionbhus	
ospís	
fostófar	
altraí	
breise, Aire	
leapacha breise	
cuidiú libh	

Cuid C

Píosa a hAon	
leabharlann	
tamall ó shin	
foirgneamh	
an stór	
i gceartlár an bhaile	
suite, comhlacht	
le fíordhéanaí	
seachas, gruagaire	
siopa caife	
comhairle contae	
léas, áis	
nua-aimseartha	
idirlíon	
leathanbhanda	
meaisín cóipeála	
rogha, leathan	
daoine fásta	
páistí	

Píosa a Dó	
léireoidh	
dráma	
údar	
aitheanta	
amhráin	
agallaimh bheirte	
aisteoirí	
glacadh leis	
a aistriú	
a léiriú	
i rith an fhómhair	
Féile Náisiúnta Drámaíochta	

Píosa a Trí	
muintir	
Dún na nGall	
ag ceiliúradh	
an deireadh seachtaine seo caite	
ag tabhairt ómóis do	
trí scór	
paróistí	
mar shagart	
taisteal	
don ócáid	
meas	
a thaispeáint	
ochtó, rian, seanaois	
gan spéaclaí	
i rith an Aifrinn	

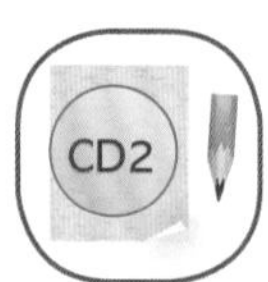

T6

Scrúdú ar fhoclóir Aonad a Trí agus ar fhoclóir na hArdteistiméireachta 2008. Cloisfidh tú na focail *faoi dhó*. Éist go cúramach agus scríobh síos na focail a chloiseann tú chomh cruinn agus is féidir leat.

1	______	26	______
2	______	27	______
3	______	28	______
4	______	29	______
5	______	30	______
6	______	31	______
7	______	32	______
8	______	33	______
9	______	34	______
10	______	35	______
11	______	36	______
12	______	37	______
13	______	38	______
14	______	39	______
15	______	40	______
16	______	41	______
17	______	42	______
18	______	43	______
19	______	44	______
20	______	45	______
21	______	46	______
22	______	47	______
23	______	48	______
24	______	49	______
25	______	50	______

An marc a fuair tú: ☐ as 50.

Aonad 4

Ábhair

Clár CD 2

Aonad 4

7 Fógra a hAon, Cuid A
8 Fógra a hAon, Cuid A
9 Fógra a Dó, Cuid A
10 Fógra a Dó, Cuid A
11 Comhrá a hAon, Cuid B
12 Comhrá a hAon — An Chéad Mhír, Cuid B
13 Comhrá a hAon — An Dara Mír, Cuid B
14 Comhrá a Dó, Cuid B
15 Comhrá a Dó — An Chéad Mhír, Cuid B
16 Comhrá a Dó — An Dara Mír, Cuid B
17 Píosa a hAon, Cuid C
18 Píosa a hAon, Cuid C
19 Píosa a Dó, Cuid C
20 Píosa a Dó, Cuid C
21 Scrúdú 50, Aonad 4

Cuid A

- Cloisfidh tú **dhá** fhógraí sa chuid seo.
- Cloisfidh tú iad **faoi dhó**.
- Beidh sos ann tar éis gach míre díobh chun na freagraí a scríobh síos.
- Éist go cúramach anois agus scríobh síos na freagraí chomh cruinn agus is féidir leat.

CD2

T7–8 Fógra a hAon

1 (a) Cén onóir atá faighte ag Raidió Fáilte?

(b) Cá bhfios duinn ón méid a dúirt Fergus nach bhfuil mórán airgid ag an stáisiún seo?

2 Cad í an difríocht idir Raidió Fáilte, BBC agus RTÉ?

3 (a) Cén bhaint atá ag Foras na Gaeilge le Raidió Fáilte?

(b) Cad a bheidh ag teastáil sa todhchaí chun an stáisiún a dhéanamh slán?

CD2

T9–10 Fógra a Dó

1 Cén bhrionglóid a bhíonn ag úinéirí, marcaigh agus traenálaithe?

2 Cén fáth gur imirce de chineál éigin a bhíonn i gceist?

3 (a) Cén fáth gur luaigh an píosa Lá Fhéile Pádraig?

(b) Cérbh iad Kauto Star agus Kicking King?

Cuid B

- Cloisfidh tú **dhá** chomhrá sa chuid seo.
- Cloisfidh tú iad **faoi dhó**.
- Cloisfidh tú é don chéad uair ina iomlán; ansin cloisfidh tú é don dara uair agus beidh sos ann idir an chéad mhír agus an dara mír.
- Éist go cúramach anois agus scríobh síos na freagraí chomh cruinn agus is féidir leat.

CD2

T11–13 Comhrá a hAon

An Chéad Mhír

1 (a) Cén fáth go mbeidh céilí ar siúl anocht?

____

(b) Cén iarracht a dhéanann RTÉ i rith Sheachtain na Gaeilge?

____

2 Cén fáth go n-úsáideann an feachtas seo duine gan Ghaeilge ó am go ham?

____

An Dara Mír

1 Cén fáth gur thug Pól rabhadh d'Úna maidir le cúrsaí ama?

____

CD2

T14–16 Comhrá a Dó

An Chéad Mhír

1 (a) Cén fáth go bhfuil taithí ag Aisling ar fhoirmeacha CAO?

____

(b) Cén chomhairle a thugann Aisling do Liam maidir lena chéad rogha?

____

2 (a) Cad a deir Aisling leis faoi phostanna?

____

(b) Tá ganntanas iarratasóirí in earnálacha áirithe. Luaigh dhá shampla de seo.

____

An Dara Mír

1 (a) Cén botún a dhéanann an-chuid scoláirí leis an bhfoirm CAO?

____

(b) Cén fáth gur éirigh Liam as an bpost páirtaimseartha a bhí aige?

____

2 Cén gradam a bhuaigh Liam?

____

Cuid C

- Cloisfidh tú **dhá** phíosa nuachta sa chuid seo.
- Cloisfidh tú iad **faoi dhó**.
- Beidh sos ann tar éis gach míre díobh chun na freagraí a scríobh síos.
- Éist go cúramach anois agus scríobh síos na freagraí chomh cruinn agus is féidir leat.

CD2

T17–18 Píosa a hAon

1 Cad air a dhíreoidh an modúl seo?

____

2 Cén dá ghrúpa a chuirfidh an cúrsa seo ar siúl?

____

3 Cá bhfuil tuilleadh eolais ar fáil?

____

CD2

T19–20 Píosa a Dó

1 Cá mbeidh an comórtas seo ar siúl den chéad uair?

____

2 Cén dúshlán a bheidh rompu?

____

3 Cén ról a bheidh ag Seán Ó Lionáird agus ag Maura Derrane?

____

Foclóir sna ceisteanna

Déan staidéar ar an bhfoclóir seo. Ansin déan iarracht an scrúdú a dhéanamh ar an gcéad leathanach eile.

Cén onóir?	*What honour?*
Cá bhfios dúinn?	*How do we know?*
Cad?	*What?*
Cén bhaint?	*What connection?*
Cad a bheidh?	*What will be?*
Cén?	*Which?*
Cén fáth?	*Why?*
Luaigh	*Mention*
Cérbh iad?	*Who were?*
Cá bhfuil?	*Where is?*
Cén iarracht?	*What effort?*
Cad a deir sí?	*What does she say?*
Cén botún?	*What mistake?*
Cé hé?	*Who is he?*
Cé?	*Who?*
Cé mhéad?	*How much?*
Cén?	*Which?*
An bhfuil?	*Is there?*
Cén chuimhne?	*What memory?*
Cathain?	*When?*
Cá?	*Where?*

Foclóir eile

Bí cinnte go dtuigeann tú brí na bhfocal seo agus ansin déan iarracht scrúdú beag a dhéanamh ar an gcéad leathanach eile.

ainmnithe, gearrliosta, bainisteoir	*nominated, shortlist, manager*
ag craoladh	*broadcasting*
stát-mhaoinithe	*state-funded*
ainmniúchán, fostaíonn, géarghá, bua	*nomination, employs, great need, win*
ag taibhreamh	*dreaming*
marcach, úinéir	*horse rider, owner*
Muir Éireann	*Irish Sea*
stairiúil, imirce, bliantúil, iomaíocht, géar	*historical, emigration, annual, competition, sharp*
de ghnáth	*usually*
feachtas, teanga	*campaign, language*

i mbéal an phobail	*spoken about*
faoi bhrú	*under pressure*
i bponc	*in a fix*
botún, comhairle	*mistake, advice*
i dtús báire	*first of all*
taithí, patrún, fostaíocht	*experience, patron, employment*
níos deacra	*more difficult*
dlí, leigheas	*law, medicine*
meáin chumarsáide	*media*
réimse, dóthain, iarratasóirí, bogearraí, eolaíocht	*range, enough, applicants, software, science*
teicneolaíocht	*technology*
ag brath ar	*depending on*
céim, imircigh, oilte, forbairt, iasacht	*degree, emigrants, educated, development, loan*
maireachtáil, fiacha, táillí, deontas, géarchéim	*live, debts, fees, grant, crisis*
búistéir, fisic, ceimic	*butcher, physics, chemistry*
Comórtas don Eolaí Óg	*Young Scientist Competition*
roghnú	*choose*
cabhair	*help*
Maigh Nuad	*Maynooth*
scoil scannánaíochta	*film school*
roinn na Gaeilge	*Irish department*
tábhacht	*importance*
scáileán	*screen*
go mion	*precisely*
díríonn	*focuses on*
suíomh gréasáin	*website*
sraith	*series*
buachan	*to win*
a léiriú	*to produce / show*
iomaitheoirí	*competitors*
dúshlán	*challenge*
laonna	*calves*
a scaradh	*to separate*
seó	*show*
moltóirí	*adjudicators*

SCRÚDÚ AR AN BHFOCLÓIR SNA CEISTEANNA

Líon isteach brí na bhfocal seo chomh cruinn agus is féidir leat.

Cén onóir?	
Cá bhfios dúinn?	
Cad?	
Cén bhaint?	
Cad a bheidh?	
Cén?	
Cén fáth?	
Luaigh	
Cérbh iad?	
Cá bhfuil?	
Cén iarracht?	
Cad a deir sí?	
Cén botún?	
Cé hé?	
Cé?	
Cé mhéad?	
Cén?	
An bhfuil?	
Cén chuimhne?	
Cathain?	
Cá?	

SCRÚDÚ AR AN BHFOCLÓIR EILE

Líon isteach brí na bhfocal seo chomh cruinn agus is féidir leat.

ainmnithe, gearrliosta, bainisteoir	
ag craoladh	
stát-mhaoinithe	
ainmniúchán, fostaíonn, géarghá, bua	
ag taibhreamh	
marcach, úinéir	
Muir Éireann	
stairiúil, imirce, bliantúil, iomaíocht, géar	
de ghnáth	
feachtas	
teanga	

i mbéal an phobail	
faoi bhrú	
i bponc	
botún, comhairle	
i dtús báire	
taithí, patrún, fostaíocht	
níos deacra	
dlí, leigheas	
meáin chumarsáide	
réimse, dóthain, iarratasóirí	
bogearraí, eolaíocht	
teicneolaíocht	
ag brath ar	
céim, imircigh, oilte, forbairt, iasacht	
maireachtáil, fiacha, táillí	
deontas, géarchéim	
búistéir, fisic, ceimic	
Comórtas don Eolaí Óg	
roghnú	
cabhair	
Maigh Nuad	
scoil scannánaíochta	
roinn na Gaeilge	
tábhacht, scáileán	
go mion	
díríonn	
suíomh gréasáin	
sraith, buachan	
a léiriú	
iomaitheoirí, dúshlán, laonna	
a scaradh	
seó, moltóirí	

Foclóir do Thriail Chluastuisceana 2007

Déan staidéar ar an bhfoclóir seo ó scrúdú na hArdteistiméireachta 2007. Bí cinnte go dtuigeann tú brí na bhfocal seo agus ansin déan iarracht an scrúdú a dhéanamh ar an gcéad leathanach eile.

Cuid A

Fógra a hAon	
tús	*start*
clár	*programme*
Iúil	*July*
ar siúl	*on*
tráthnóna	*afternoon*
ag freastal ar	*attending*
nua-aoiseach	*modern*
difriúil	*different*
ar fud na tíre	*all around the country*
craolfar	*will be broadcast*
Cathair Luimnigh	*Limerick City*
físeáin	*videos*
daichead singil is coitianta	*top forty singles*
le linn	*during*

Fógra a Dó	
seolfaidh	*will launch*
bróisiúr	*brochure*
craobh	*final*
peil na mban	*women's football*
i bPáirc an Chrócaigh	*in Croke Park*
i bpáirt lena chéile	*in partnership together*
i mbliana	*this year*
feachtas	*campaign*
a chur chun cinn	*to promote*
urraíocht	*sponsorship*
craoladh beo	*live broadcast*
cluichí leathcheannais	*semi-finals*
cluichí ceannais	*finals*
ceannasaí	*head of*

Fógra a Trí	
Barra an Teampail	*Temple Bar*
daoine fásta	*adults*
Bealtaine	*May*
trí leibhéal	*third level*
glantosaitheoirí	*complete beginners*
ar bheagán Gaeilge	*with little Irish*
réasúnta líofa	*reasonably fluent*
teagasc	*teaching*
táille	*fee*
le híoc	*to pay*
bróisiúr	*brochure*

Cuid B

Comhrá a hAon	
tomhais, Meitheamh	*guess, June*
tuairim	*opinion*
níl tuairim agam	*I don't have an opinion / clue*
uncail	*uncle*
cluiche idirnáisiúnta sacair	*international soccer match*
Poblacht na hÉireann	*Irish Republic*
an Spáinn	*Spain*
ócáid stairiúil	*historic occasion*
i láthair	*present*
ceart agus cóir	*right and just*
á imirt, táille	*being played, fee*
ró-ard	*too high*
Cumann Lúthchleas Gael	*Gaelic Athletic Association*
costais arda	*high costs*
staid, rialtas	*stadium, government*
ar choinníoll	*on condition*
ar fáil	*available*
rugbaí, ceart	*rugby, right*
cinneadh	*decision*
a chur chun cinn	*to promote*
gan amhras	*without doubt*
cabhróidh	*will help*
leas an spóirt	*the good of sport*
taitneamh	*enjoyment*
bua	*gift / talent / win*

Comhrá a Dó	
deacair	*difficult*
na laethanta seo	*these days*
gan stad	*without stop*
lámh láidir	*heavy hand*
úrscéal, taisteal, caidreamh	*novel, travel, relationship*
grá	*love*
brón, díoltas, scannáin	*sadness, revenge, films*
leabhair thaistil	*travel books*
eolas	*information*
suimiúil	*interesting*
cultúir	*cultures*
difriúil	*different*
na fir	*the men*
fadhbanna	*problems*
a réiteach	*to solve*
polaitíocht	*politics*
na mná	*the women*
níos fearr	*better*
sa Dáil	*in the Dáil*
triúr ban	*three women*
Airí	*Ministers*
go luath	*early / soon*
brionglóidí	*dreams*
an iomarca ama	*too much time*

Comhrá a Trí	
iontas	*wonder*
pictiúrlann	*cinema*
áiseanna	*facilities*
suíocháin chompordacha	*comfortable seats*
gan trácht	*not to mention*
córas fuaime	*sound system*
fístéip	*video*
seomraí suite	*sitting rooms*
scáileán	*screen*
róbheag	*too little*
seafóid	*nonsense*
is cuma	*doesn't matter*
ní fíor sin	*that's not true*

Cuid C

Píosa a hAon	
spéisiúil, óstán, aistriúcháin	*interesting, hotel, translations*
dánta grá	*love poems*
meánscoil	*secondary school*
an t-Aire	*the Minister*
chomh maith leis sin	*as well as that*
mhol	*praised / advised*
saibhreas Gaeilge	*wealth of Irish*

Píosa a Dó	
comhairleoir, cathair	*advisor, city*
le déanaí	*recently*
an spás	*the space*
geal taitneamhach	*bright and enjoyable*
foirgneamh	*building*
dealbh, bogadh, faiche	*statue, was moved, green (lawn)*
lár na cathrach	*city centre*
Teachta Dála	*Member of Dáil*
ón gceantar	*from the area*
a cheadaigh	*that allowed*
le linn	*during*
Aire Ealaíon	*Minister for Arts*

Píosa a Trí	
slua	*crowd*
i láthair	*present*
cé	*quay*
Cósta Chonamara	*Connemara Coast*
naomh	*saint*
bád seoil	*sail boat*
thóg, turas, foireann	*built, journey, team*
ina measc	*among them*

Scrúdú Foclóra

Líon isteach brí na bhfocal seo ó scrúdú na hArdteistiméireachta 2007 chomh cruinn agus is féidir leat.

Cuid A

Fógra a hAon	
tús	
clár	
Iúil	
ar siúl	
tráthnóna	
ag freastal ar	
nua-aoiseach	
difriúil	
ar fud na tíre	
craolfar	
Cathair Luimnigh	
físeáin	
daichead singil is coitianta	
le linn	

Fógra a Dó	
seolfaidh	
bróisiúr	
craobh	
peil na mban	
i bPáirc an Chrócaigh	
i bpáirt lena chéile	
i mbliana	
feachtas	
a chur chun cinn	
urraíocht	
craoladh beo	
cluichí leathcheannais	
cluichí ceannais	
ceannasaí	

Fógra a Trí	
Barra an Teampail	
daoine fásta	
Bealtaine	
trí leibhéal	
glantosaitheoirí	
ar bheagán Gaeilge	
réasúnta líofa	
teagasc	
táille	
le híoc	
bróisiúr	

Cuid B

Comhrá a hAon	
tomhais, Meitheamh, tuairim	
níl tuairim agam	
uncail	
cluiche idirnáisiúnta sacair	
Poblacht na hÉireann	
an Spáinn	
ócáid stairiúil	
i láthair	
ceart agus cóir	
á imirt, táille	
ró-ard	
Cumann Lúthchleas Gael	
costais arda	
staid, rialtas	
ar choinníoll	
ar fáil	
rugbaí, ceart, cinneadh	
a chur chun cinn	
gan amhras	
cabhróidh	
leas an spóirt	
taitneamh, bua	

Comhrá a Dó	
deacair	
na laethanta seo	
gan stad	
lámh láidir	
úrscéal, taisteal, caidreamh, grá	
brón, díoltas, scannáin	
leabhair thaistil	
eolas, suimiúil, cultúir	
difriúil	
na fir	
fadhbanna	
a réiteach	
polaitíocht	
na mná	
níos fearr	
sa Dáil	
triúr ban	
Airí	
go luath	
brionglóidí	
an iomarca ama	

Comhrá a Trí	
iontas, pictiúrlann, áiseanna	
suíocháin chompordacha	
gan trácht	
córas fuaime	
fístéip	
seomraí suite	
scáileán, róbheag, seafóid	
is cuma	
ní fíor sin	

Cuid C

Píosa a hAon	
spéisiúil, óstán, aistriúcháin	
dánta grá	
meánscoil	
an t-Aire	
chomh maith leis sin	
mhol	
saibhreas Gaeilge	

Píosa a Dó	
comhairleoir	
cathair	
le déanaí	
an spás	
geal taitneamhach	
foirgneamh	
dealbh	
bogadh	
faiche	
lár na cathrach	
Teachta Dála	
ón gceantar	
a cheadaigh	
le linn	
Aire Ealaíon	

Píosa a Trí	
slua	
i láthair	
cé	
Cósta Chonamara	
naomh	
bád seoil	
thóg	
turas	
foireann	
ina measc	

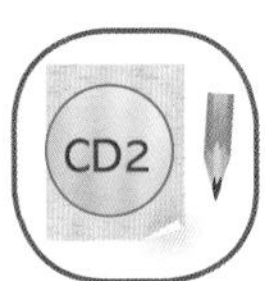

T21

Scrúdú 50

Scrúdú ar fhoclóir Aonad a Ceathair agus ar fhoclóir na hArdteistiméireachta 2007. Cloisfidh tú na focail *faoi dhó*. Éist go cúramach agus scríobh síos na focail a chloiseann tú chomh cruinn agus is féidir leat.

1	______	26	______
2	______	27	______
3	______	28	______
4	______	29	______
5	______	30	______
6	______	31	______
7	______	32	______
8	______	33	______
9	______	34	______
10	______	35	______
11	______	36	______
12	______	37	______
13	______	38	______
14	______	39	______
15	______	40	______
16	______	41	______
17	______	42	______
18	______	43	______
19	______	44	______
20	______	45	______
21	______	46	______
22	______	47	______
23	______	48	______
24	______	49	______
25	______	50	______

An marc a fuair tú: ☐ as 50.

Aonad 5

Ábhair

Clár CD 2

Aonad 5

Cuid A

- Cloisfidh tú **dhá** fhógraí sa chuid seo.
- Cloisfidh tú iad **faoi dhó**.
- Beidh sos ann tar éis gach míre díobh chun na freagraí a scríobh síos.
- Éist go cúramach anois agus scríobh síos na freagraí chomh cruinn agus is féidir leat.

CD2

T22–23 Fógra a hAon

1 (a) Cad a mhol an tuarascáil seo?

____

(b) Cad a tharraing conspóid agus caint?

____

2 Cén gearradh siar a rinne an rialtas sa cháinaisnéis sa bhliain 2010?

____

3 (a) Cad é cuspóir an rialtais seo dar le polaiteoirí?

____

(b) Cad a dúradh ag deireadh an phíosa seo faoi thuarascáil Mhic Cárthaigh?

____

CD2

T24–25 Fógra a Dó

1 (a) Cén buntáiste a fuair páistí i mí Eanáir na bliana 2010?

____

(b) Cén fáth gur tháinig daoine abhaile luath ón obair i rith na seachtaine sin?

____

2 Cén fhadhb a chruthaigh an drochaimsir do thithe?

____

3 Cén chomhairle a thug Cumann Naomh Uinseann de Pól do mhuintir na tíre?

____

Cuid B

- Cloisfidh tú **dhá** chomhrá sa chuid seo.
- Cloisfidh tú iad **faoi dhó**.
- Cloisfidh tú é don chéad uair ina iomlán; ansin cloisfidh tú é don dara uair agus beidh sos ann idir an chéad mhír agus an dara mír.
- Éist go cúramach anois agus scríobh síos na freagraí chomh cruinn agus is féidir leat.

CD2

T26–28 Comhrá a hAon

An Chéad Mhír

1 (a) Cén fáth go raibh leisce ar Shorcha glacadh le cuireadh Sheáin ar dtús?

____

(b) Conas a mheall Seán Sorcha chun é a dhéanamh?

____

2 (a) Cén baint a bhí ag Comhlacht BT leis an gcomórtas?

____

(b) Cén t-ábhar iontais a luaigh Seán maidir le staitisticí?

____

An Dara Mír

1 (a) Cén fáth nach mbeadh deacracht ag an mbeirt acu leis an nGaeilge?

____

(b) Cén tuairim phearsanta a bhí ag Seán faoi spórt?

____

CD2

T29–31 Comhrá a Dó

An Chéad Mhír

1 (a) Cén geallúint a thug Laoise dá máthair roimh an Teastas Sóisearach?

____

(b) Cén fáth go raibh an obair tí seo a rinne Laoise di ina cabhair mhór dá máthair ?

____

2 Cén fáth go bhfuil máthair Laoise buartha?

____

An Dara Mír

1 (a) Cén chomhairle a chuir Laoise ar a máthair?

____

(b) Cén dea-scéal a bhí ag a máthair do Laoise?

____

Cuid C

- Cloisfidh tú **dhá** phíosa nuachta sa chuid seo.
- Cloisfidh tú iad **faoi dhó**.
- Beidh sos ann tar éis gach míre díobh chun na freagraí a scríobh síos.
- Éist go cúramach anois agus scríobh síos na freagraí chomh cruinn agus is féidir leat.

CD2

T32–33 Píosa a hAon

1 (a) Cén staitistic a thug an píosa seo dúinn faoi *Ros na Rún*?

____

(b) Cad iad na hábhair a mbíonn an clár seo ag plé leo?

____

2 Cén léiriú a thugtar sa chlár?

____

3 Cén t-éacht a bhain an clár seo amach le gairid?

____

T34–35 Píosa a Dó

1 Cad a bheidh ar siúl agus cé a bheidh á eagrú?

____

2 Cé a bheidh i láthair agus cad a dhéanfaidh siad?

____

3 Cad ba chóir duit a dhéanamh má tá tuilleadh eolais uait?

____

Foclóir sna ceisteanna

Déan staidéar ar an bhfoclóir seo. Ansin déan iarracht an scrúdú a dhéanamh ar an gcéad leathanach eile.

Cén fáth?	*Why?*
Cén sórt?	*What sort?*
Cé a mhol?	*Who advised / recommended?*
Cá bhfios dúinn?	*How do we know?*
Cén t-ábhar?	*What subject?*
Roghnaigh, Conas?	*Choose, How?*
Cé mhéad?	*How much / many?*
Cathain?	*When?*
Cén fhadhb?	*What problem?*
Cén bhaint?	*What connection?*
Cén léiriú?	*What is shown*

Foclóir eile

Bí cinnte go dtuigeann tú brí na bhfocal seo agus ansin déan iarracht scrúdú beag a dhéanamh ar an gcéad leathanach eile.

mhol, tuarascáil	*advised, report*
Mhic Cárthaigh	*McCarthy*
cúlú eacnamaíochta	*economic depression*
cáinaisnéis	*budget*
Tíogar Ceilteach	*Celtic Tiger*
gearradh, polaiteoirí	*was cut, politicians*
ag lorg fostaíochta	*looking for employment*
ráiteas	*statement*
leas sóisialach	*social welfare*
forbairt, seirbhísí	*development, services*
a sholáthar	*to supply*
cuspóir, sioc, taithí	*objective, frost, experience*
ag súgradh	*playing*
comharsana	*neighbours*
Cumann Naomh Uinseann de Pól	*The Society of St Vincent de Paul*
píobáin uisce	*water pipes*
reoite, damáiste	*frozen, damage*
ag fáil báis	*dying*
iarratas, caighdeán	*application, standard*
gan trácht ar	*without mentioning*
an marc, is airde	*the mark, highest*
muinín, eagraithe, urraithe, comhluadar	*trust, organised, sponsored, company*

creid é nó ná creid	*believe it or not*
sa dara háit	*in second place*
trí mheán na Gaeilge	*through the medium of Irish*
ag freastal ar	*attending*
ceangal, rannpháirtíocht, néata	*tie, participation, neat*
neart ama	*plenty of time*
glúin	*knee*
an Teastas Sóisearach	*Junior Certificate*
cinneadh	*decision*
ar fónamh	*well*
pian	*pain*
níos measa	*worse*
ag dul faoi scian	*having an operation*
ag smaoineamh	*thinking*
dóchasach	*hopeful / optimistic*
éadóchasach, dheisigh	*pessimistic, fixed*
maidí croise	*crutches*
ní mór duit	*you must*
coinne, íocfaidh, cheana	*appointment, will pay, already*
ag spochadh as	*teasing*
buartha	*worried*
lucht féachana	*audience*
féinmharú	*suicide*
cáil, ollchlár	*fame, omnibus*
nua-aimseartha	*modern*
sochaí	*society*
thar na blianta	*over the years*
saol na tuaithe	*country life*
ceiliúradh, eipeasóid, dífhostaíocht, coireanna	*celebration, episode, unemployment, crimes*
dáiríre	*real / true*
scoth, aisteoirí, seimineár	*best, actors, seminar*
á reáchtáil	*being organised*
ionadaithe, deiseanna	*representatives, opportunities*
ionad, oideachas	*centre, education*
Ollscoil Náisiúnta	*National University*
institiúid	*institute*
Leitir Ceanainn	*Letterkenny*

Scrúdú ar an bhfoclóir sna ceisteanna

Líon isteach brí na bhfocal seo chomh cruinn agus is féidir leat.

Cén fáth?	
Cén sórt?	
Cé a mhol?	
Cá bhfios dúinn?	
Cén t-ábhar?	
Roghnaigh, Conas?	
Cé mhéad?	
Cathain?	
Cén fhadhb?	
Cén bhaint?	
Cén léiriú?	

Scrúdú ar an bhfoclóir eile

Líon isteach brí na bhfocal seo chomh cruinn agus is féidir leat.

mhol, tuarascáil	
Mhic Cárthaigh	
cúlú eacnamaíochta	
cáinaisnéis	
Tíogar Ceilteach	
gearradh, polaiteoirí	
ag lorg fostaíochta	
ráiteas	
leas sóisialach	
forbairt, seirbhísí	
a sholáthar	
cuspóir, sioc, taithí	
ag súgradh	
comharsana	
Cumann Naomh Uinseann de Pól	
píobáin uisce	
reoite, damáiste	
ag fáil báis	
iarratas, caighdeán	
gan trácht ar	
an marc	
is airde	
muinín, eagraithe, urraithe, comhluadar	

creid é nó ná creid	
sa dara háit	
trí mheán na Gaeilge	
ag freastal ar	
ceangal, rannpháirtíocht, néata	
neart ama	
glúin	
an Teastas Sóisearach	
cinneadh	
ar fónamh	
pian	
níos measa	
ag dul faoi scian	
ag smaoineamh	
dóchasach, éadóchasach, dheisigh	
maidí croise	
ní mór duit	
coinne, íocfaidh, cheana	
ag spochadh as	
buartha	
lucht féachana	
féinmharú, cáil, ollchlár	
nua-aimseartha	
sochaí	
thar na blianta	
saol na tuaithe	
ceiliúradh, eipeasóid, dífhostaíocht, coireanna	
dáiríre, scoth, aisteoirí, seimineár	
á reáchtáil	
ionadaithe, deiseanna	
ionad, oideachas	
Ollscoil Náisiúnta	
institiúid	
Leitir Ceanainn	

FOCLÓIR DO THRIAIL CHLUASTUISCEANA 2006

Déan staidéar ar an bhfoclóir seo ó scrúdú na hArdteistiméireachta 2006. Bí cinnte go dtuigeann tú brí na bhfocal seo agus ansin déan iarracht an scrúdú a dhéanamh ar an gcéad leathanach eile.

Cuid A

Fógra a hAon	
fógraíonn, coiste	*announces, committee*
coiste na féile	*festival committee*
féile drámaíochta	*drama festival*
Márta	*March*
halla an pharóiste	*parish hall*
Ciarraí	*Kerry*
sagart paróiste	*parish priest*
nua-scríofa	*newly written*
agallaimh bheirte	*two-person conversation*
le linn na féile	*during the festival*
clár na féile	*the festival programme*

Fógra a Dó	
Raidió na Gaeltachta	*Gaeltacht Radio*
Bealtaine, sraith	*May, series*
clár ceoil	*music programme*
daoine óga	*young people*
is teideal	*is the name*
ar an aer	*on the air*
seacht n-oíche na seachtaine	*seven nights a week*
casfar amhráin	*songs will be song*
liricí, moltaí	*lyrics, nominations / suggestions*
a chasfar	*will be sung*
seirbhís, ríomhphost	*service, e-mail*

Fógra a Trí	
Glór na nGael	*The Voice of the Irish*
folúntas	*vacancy*
le líonadh	*to be filled*
Oifigeach Eolais	*Information Officer*
Oifigeach Forbartha	*Development Officer*
a cheapfar	*will be appointed*
taisteal	*travel*
suíomh idirlín	*internet site*
ní mór do	*must*
iarratasóirí	*applicants*
ardchaighdeán	*high standard*
sciliúil, cumarsáid, le fáil, príomhoifig	*skilful, communication, available, main office*

Cuid B

Comhrá a hAon	
an t-alt	*the article*
Foinse	*source; name of weekly newspaper*
eagraíocht, tionscadal	*organisation, project*
oscailt súl	*eye opener*
meáin chumarsáide	*media*
cibé faoi sin?	*whatever about that?*
iontach, croí, duais	*wonderful, heart, prize*
ar fheabhas	*excellent*
léirmheastóirí scannáin	*film critics*
go deonach	*voluntary*
a bhuíochas do	*thanks to*
toradh a cuid oibre	*result of her work*
n'fheadar, róchrua	*I wonder, too hard*
sárobair, ar son	*excellent work, in aid of*
náire	*shame / embarrassment*
ceannairí	*leaders*
na tíortha saibhre	*the rich countries*
róthógtha leis na meáin	*too taken with the media*
Teach Bán	*White House*
an phoiblíocht	*the publicity*
úsáid, drochstaid	*use, bad state*
os comhair an tsaoil	*in front of everyone*
tá ag éirí leo	*they are getting on well*

Comhrá a Dó	
gléasanna, fóin	*instruments, phones*
is fíor duit	*you're right*
praghas	*price*
ag smaoineamh	*thinking*
obair an tsamhraidh	*summer work*
aiféala	*regret*
costas	*cost*
mar a bhíonn i gcónaí	*as always*
buntáiste	*advantage*
seirbhís idirlín	*internet service*
íocfaidh tú	*you will pay*

go daor	*expensively*
a íoslódáil	*to download*
teachtaireacht ríomhphoist	*e-mail message*
a sheoladh	*to send*
creidmheas	*credit*
locht	*blame / fault*
róchiallmhar	*too sensible*
beag bídeach	*tiny*

Comhrá a Trí	
sobaldrámaí	*soap dramas (operas)*
Sasanach	*English*
minic go leor	*often enough*
fírinne	*truth*
maith go leor	*good enough*
stad mé	*I stopped*
is trua sin	*that's a pity*
fotheidil	*subtitles*
scáileán	*screen*
le cuidiú leat	*to help you*
bhain mé triail as sin	*I tried that*
uair nó dhó	*once or twice*
in ann	*able*
tapa go leor	*fast enough*
chaill mé	*I lost*
comhrá	*conversation*
suimiúil	*interesting*
an-drámata	*very dramatic*
nach breá duit	*isn't it well for you*
báite san obair bhaile	*immersed in homework*
glacaim sos	*I take a break*
an obair a chur díom	*to get rid of the work*

Cuid C

Píosa a hAon	
spéisiúil	*interesting*
nuachtán	*newspaper*
le déanaí	*recently*
san Ísiltír	*in the Netherlands*
cartún grinn	*comedy cartoon*
lucht féachana	*audience*
teaghlach	*family*
Iarthar na hÉireann	*the West of Ireland*
á chraoladh	*being broadcast*
an-ard	*very high*
uimhir	*number*
ag fás	*growing*

Píosa a Dó	
bronnadh	*presentation*
gradam	*award*
sagart paróiste	*parish priest*
Gaoth Dobhair	*Gweedore*
a ainmníodh	*was named / nominated*
pearsa na bliana	*personality of the year*
Tír Chonaill	*Dún na nGall*
go hoifigiúil	*officially*
óstán	*hotel*
Márta	*March*
meas	*respect*
ar son an phobail	*for the public*
ionad lae na seandaoine	*day centre for the elderly*

Píosa a Trí	
fáilte	*welcome*
seal	*period of time*
ar son na mbochtán	*for the poor*
san India	*in India*
caite	*spent / worn*
stiúrthóir	*director*
eagraíocht	*organisation*
adhmadóireacht	*woodwork*
ag deisiú	*fixing*
cúlsráideanna	*back streets*

Scrúdú Foclóra

Líon isteach brí na bhfocal seo ó scrúdú na hArdteistiméireachta 2006 chomh cruinn agus is féidir leat.

Cuid A

Fógra a hAon	
fógraíonn, coiste	
coiste na féile	
féile drámaíochta	
Márta	
halla an pharóiste	
Ciarraí	
sagart paróiste	
nua-scríofa	
agallaimh bheirte	
le linn na féile	
clár na féile	

Fógra a Dó	
Raidió na Gaeltachta	
Bealtaine, sraith	
clár ceoil	
daoine óga	
is teideal	
ar an aer	
seacht n-oíche na seachtaine	
casfar amhráin	
liricí, moltaí	
a chasfar	
seirbhís	
ríomhphost	

Fógra a Trí	
Glór na nGael	
folúntas	
le líonadh	
Oifigeach Eolais	
Oifigeach Forbartha	
a cheapfar	
taisteal	
suíomh idirlín	
ní mór do	
iarratasóirí	
ardchaighdeán	
sciliúil	
cumarsáid	
le fáil	
príomhoifig	

Cuid B

Comhrá a hAon	
an t-alt	
Foinse	
eagraíocht	
tionscadal	
oscailt súl	
meáin chumarsáide	
cibé faoi sin?	
iontach	
croí	
duais	
ar fheabhas	
léirmheastóirí scannáin	
go deonach	
a bhuíochas do	
toradh a cuid oibre	
n'fheadar	
róchrua	
sárobair	
ar son	
náire	
ceannairí	
na tíortha saibhre	
róthógtha leis na meáin	
Teach Bán	
an phoiblíocht	
úsáid	
drochstaid	
os comhair an tsaoil	
tá ag éirí leo	

Comhrá a Dó	
gléasanna, fóin	
is fíor duit	
praghas	
ag smaoineamh	
obair an tsamhraidh	
aiféala, costas	
mar a bhíonn i gcónaí	
buntáiste	
seirbhís idirlín	
íocfaidh tú	
go daor	
a íoslódáil	
teachtaireacht ríomhphoist	
a sheoladh	
creidmheas, locht, róchiallmhar	
beag bídeach	

Comhrá a Trí	
sobaldrámaí, Sasanach	
minic go leor	
fírinne	
maith go leor	
stad mé	
is trua sin	
fotheidil, scáileán	
le cuidiú leat	
bhain mé triail as sin	
uair nó dhó	
in ann	
tapa go leor	
chaill mé	
comhrá, suimiúil	
an-drámata	
nach breá duit	
báite san obair bhaile	
glacaim sos	
an obair a chur díom	

Cuid C

Píosa a hAon	
spéisiúil, nuachtán	
le déanaí	
san Ísiltír	
cartún grinn	
lucht féachana	
teaghlach	
Iarthar na hÉireann	
á chraoladh	
an-ard, uimhir, ag fás	

Píosa a Dó	
bronnadh	
gradam	
sagart paróiste	
Gaoth Dobhair	
a ainmníodh	
pearsa na bliana	
Tír Chonaill	
go hoifigiúil	
óstán	
Márta	
meas	
ar son an phobail	
ionad lae na seandaoine	

Píosa a Trí	
fáilte	
seal	
ar son na mbochtán	
san India	
caite	
stiúrthóir	
eagraíocht	
adhmadóireacht	
ag deisiú	
cúlsráideanna	

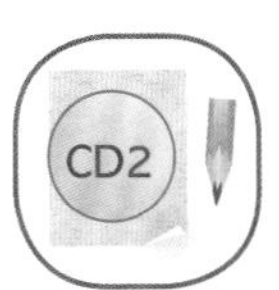

T36

Scrúdú 50

Scrúdú ar fhoclóir Aonad a Cúig agus ar fhoclóir na hArdteistiméireachta 2006. Cloisfidh tú na focail *faoi dhó*. Éist go cúramach agus scríobh síos na focail a chloiseann tú chomh cruinn agus is féidir leat.

1 __________
2 __________
3 __________
4 __________
5 __________
6 __________
7 __________
8 __________
9 __________
10 __________
11 __________
12 __________
13 __________
14 __________
15 __________
16 __________
17 __________
18 __________
19 __________
20 __________
21 __________
22 __________
23 __________
24 __________
25 __________

An marc a fuair tú: ☐ as 50.

26 __________
27 __________
28 __________
29 __________
30 __________
31 __________
32 __________
33 __________
34 __________
35 __________
36 __________
37 __________
38 __________
39 __________
40 __________
41 __________
42 __________
43 __________
44 __________
45 __________
46 __________
47 __________
48 __________
49 __________
50 __________

Clár CD 1

1 Réamhrá

Léamh na filíochta

2 Géibheann
3 Colscaradh
4 Mo Ghrá-sa (idir lúibíní)
5 An Spailpín Fánach
6 An tEarrach Thiar

Aonad 1

7 Fógra a hAon, Cuid A
8 Fógra a hAon, Cuid A
9 Fógra a Dó, Cuid A
10 Fógra a Dó, Cuid A
11 Comhrá a hAon, Cuid B
12 Comhrá a hAon — An Chéad Mhír, Cuid B
13 Comhrá a hAon — An Dara Mír, Cuid B
14 Comhrá a Dó, Cuid B
15 Comhrá a Dó — An Chéad Mhír, Cuid B
16 Comhrá a Dó — An Dara Mír, Cuid B
17 Píosa a hAon, Cuid C
18 Píosa a hAon, Cuid C
19 Píosa a Dó, Cuid C
20 Píosa a Dó, Cuid C
21 Scrúdú 50, Aonad 1

Aonad 2

22 Fógra a hAon, Cuid A
23 Fógra a hAon, Cuid A
24 Fógra a Dó, Cuid A
25 Fógra a Dó, Cuid A
26 Comhrá a hAon, Cuid B
27 Comhrá a hAon — An Chéad Mhír, Cuid B
28 Comhrá a hAon — An Dara Mír, Cuid B
29 Comhrá a Dó, Cuid B
30 Comhrá a Dó — An Chéad Mhír, Cuid B
31 Comhrá a Dó — An Dara Mír, Cuid B
32 Píosa a hAon, Cuid C
33 Píosa a hAon, Cuid C
34 Píosa a Dó, Cuid C
35 Píosa a Dó, Cuid C
36 Scrúdú 50, Aonad 2

Aonad 3

37 Fógra a hAon, Cuid A
38 Fógra a hAon, Cuid A
39 Fógra a Dó, Cuid A
40 Fógra a Dó, Cuid A
41 Comhrá a hAon, Cuid B
42 Comhrá a hAon — An Chéad Mhír, Cuid B
43 Comhrá a hAon — An Dara Mír, Cuid B
44 Comhrá a Dó, Cuid B
45 Comhrá a Dó — An Chéad Mhír, Cuid B
46 Comhrá a Dó — An Dara Mír, Cuid B

Clár CD 2

Aonad 3 ar lean

1 Réamhrá
2 Píosa a hAon, Cuid C
3 Píosa a hAon, Cuid C
4 Píosa a Dó, Cuid C
5 Píosa a Dó, Cuid C
6 Scrúdú 50, Aonad 3

Aonad 4

7 Fógra a hAon, Cuid A
8 Fógra a hAon, Cuid A
9 Fógra a Dó, Cuid A
10 Fógra a Dó, Cuid A
11 Comhrá a hAon, Cuid B
12 Comhrá a hAon — An Chéad Mhír, Cuid B
13 Comhrá a hAon — An Dara Mír, Cuid B
14 Comhrá a Dó, Cuid B
15 Comhrá a Dó — An Chéad Mhír, Cuid B
16 Comhrá a Dó — An Dara Mír, Cuid B
17 Píosa a hAon, Cuid C
18 Píosa a hAon, Cuid C
19 Píosa a Dó, Cuid C
20 Píosa a Dó, Cuid C
21 Scrúdú 50, Aonad 4

Aonad 5

22 Fógra a hAon, Cuid A
23 Fógra a hAon, Cuid A
24 Fógra a Dó, Cuid A
25 Fógra a Dó, Cuid A
26 Comhrá a hAon, Cuid B
27 Comhrá a hAon — An Chéad Mhír, Cuid B
28 Comhrá a hAon — An Dara Mír, Cuid B
29 Comhrá a Dó, Cuid B
30 Comhrá a Dó — An Chéad Mhír, Cuid B
31 Comhrá a Dó — An Dara Mír, Cuid B
32 Píosa a hAon, Cuid C
33 Píosa a hAon, Cuid C
34 Píosa a Dó, Cuid C
35 Píosa a Dó, Cuid C
36 Scrúdú 50, Aonad 5